Dido Nitz

Kräuterzauber

Ein ABC der Heil- & Zauberpflanzen

Mit Fotografien

arsEdition

VISCVM
Mistel.

Inhalt

VISCVM
Mistel.

Vorwort

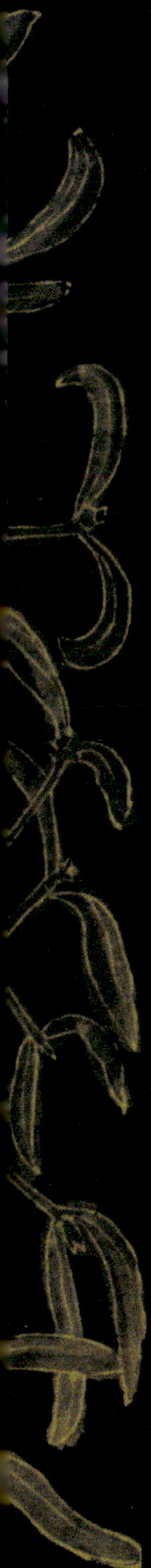

Pflanzen schenken. Selbst der versierte Kenner der wunderbaren Vielfalt neigt dazu, die Gewächse der Natur auf ihre Inhaltsstoffe zu reduzieren und sie in Kraut und Unkraut einzuteilen. Er betrachtet Garten und Acker als eine Art unerschöpfliche Quelle an Rohstoffen für Industrie, Heilkunde und Kochtopf – oder einfach nur als Augenweide im Blumenkasten.

Der altheidnische Schamane dagegen nahm drei mal drei Kräuter, um Gift und Verderben fernzuhalten, wie er es von seinem Gott Odin gelernt hatte. Er fand Pflanzen, die zu seinen Füßen wuchsen, jede einzelne beschwörend. Der christliche Mensch des Mittelalters hielt es ähnlich. Ob als Bündel von neunerlei oder zwölferlei oder als einzelnes Kraut, betrachtete er die Pflanze als Teil seines gesamten Weltbildes. Was er der Natur entnahm, gab er ihr in irgendeiner Weise zurück, sei es in Form von Opfern oder Beschwerlichkeiten, die er auf sich nahm, oder von Gebeten und Ritualen, mit denen er das „Entwenden" der Pflanze begleitete.

Wie unglaublich lebendig und farbenreich, wie fantastisch muss dieses Leben gewesen sein! Und wie furchterregend und grausam! Ein beschwerliches Dasein, in dem sich der Mensch von übernatürlichen Mächten Wunder erhoffte. Mächten, denen man andererseits auch alle Verantwortung für Elend und Krankheit zuschrieb. Hoffnung, Erfahrungen und Überlieferungen aus älteren Zeiten mischten sich zu Sagenhaftem und verwoben Heilkunde, Glauben und Aberglauben zu einem dichten Geflecht.

Ernüchtert betrachtet der heutige Mensch jene Historie. Und rückt Wegerich und Giersch, Löwenzahn und Beifuß mit der Giftspritze zu Leibe. Das Kraut zu seinen Füßen trotzt. Manches ist seit Tausenden von Jahren daran gewöhnt, sich seinen Lebensraum nach seinen Bedürfnissen zu erobern. Anderes stirbt aus. Und mit ihm Wissen und Geschichten, flüsternd und raunend, verwehende Vielfalt im Fortschreiten der Zeit.

Die Auswahl der Pflanzen in diesem Buch ist willkürlich, eine je Buchstabe unseres Alphabets. Allen gemeinsam ist, dass sie im mitteleuropäischen Raum zu finden sind, vor unserer Haustür, in Gärten und Blumentöpfen, am Wegesrand. Und dass es viel über sie zu erzählen gibt: nicht nur über ihre reichen Gaben, ihre besondere Schönheit, ihre vielfältige Heilwirkung, ihren sinnlichen Duft und Geschmack. Sondern über die Menschen selbst, mit denen sie seit alter Zeit zusammenleben.

Da stehen sie umher
und staunen,
vertrauen nicht dem
hohen Fund.
Der eine faselt von
Alraunen,
der andre von dem
schwarzen Hund.

Johann Wolfgang von Goethe (1749–1832), *Faust*

Alraune

Mandragora officinarum

Familie: Nachtschattengewächse Solanaceae
Steht für: Unverwundbarkeit, Macht, Reichtum
Wichtige Inhaltsstoffe: Alkaloide
Vorkommen: Mittelmeerraum, milde Gegenden Mitteleuropas
Heilpflanze: Nicht mehr verwendet. Früher gegen Kopfschmerz und als Beruhigungsmittel
Giftig! Streng geschützt

Ciceron
Dollwurz
Drachenpuppe
Dudaim
Galgenmännlein
Hausväterchen
Hundsapfel
Liebesapfel
Liebeswurz
Menschenwurzel
Schlafendes Kraut
Teufelslampe
Zauberwurz

Berühmte Alraunenbesitzer:
- Karl der Große
- Johanna von Orleans
- der Magier, Wahrsager und Astrologe Doktor Faustus
- der Franziskanermönch Berthold Schwarz, der im 14. Jahrhundert das Schießpulver erfand

Autoren, die Alraunen lieben:
- William Shakespeare in etlichen Dramen
- Ludwig Tieck in *Der Runenberg*
- Ludwig Achim von Arnim in *Isabella*
- Friedrich de la Motte Fouqué in *Mandragora. Eine Novelle*
- Hanns Heinz Ewers in *Alraune. Die Geschichte eines lebenden Wesens*
- Lee Falk, Phil Davis u. a. in der Comicserie *Mandrake, der Zauberer*
- Rochus Hahn in seinem Erotik-Comic *Alraune*
- Joanne K. Rowling in *Harry Potter*

Eine Mark und 50 Pfennige für Glück, Macht und Reichtum. Zu erstehen im Berliner Warenhaus Wertheim; dort wurden um 1910 für jeden, der nur daran glaubte, „Glücksalraunen“ verkauft, hübsch in Medaillons eingefasste, verhutzelt braune Erdgebilde. Derart einfach war es nicht immer gewesen, an den seltenen Wurz heranzukommen: das seit uralter Zeit viel gerühmte Nachtschattengewächs Mandragora – die „Königin der Zauberpflanzen“!

Vor beinahe zwei Jahrtausenden gab der Historiker Flavius Josephus exakte Anweisung, wie der heiß begehrten, aber scheinbar lebensgefährlichen Pflanze beizukommen sei. Das Problem liege vor allem in der überraschenden Behändigkeit der Widerspenstigen. Der Rat des Gelehrten: „Sie auszureißen ist sehr schwer, denn dem Nahenden entzieht sie sich und hält nur dann still, wenn man Urin oder Monatsblut daraufgießt. Auch dann ist bei jeder Berührung der Tod gewiss, es sei denn, man trage sie so in der Hand, dass die Wurzelspitze nach unten schaut. Doch bekommt man sie ohne Gefahr auf andere Weise, und zwar so: Man gräbt rings die Erde ab, sodass nur noch ein kleiner Rest der Wurzel unsichtbar ist. Dann bindet man einen Hund daran, und wenn dieser dem Anbinder schnell folgen will, so reißt er die Wurzel aus, stirbt aber auf der Stelle als ein stellvertretendes Opfer dessen, der die Pflanze nehmen will. Hat man sie einmal, so ist keine Gefahr mehr.“

Die hinterhältige Methode mit Hund blieb hartnäckig bis weit über das Mittelalter hinaus in Gebrauch. Mancherorts hieß es, die Alraune sei am besten um Mitternacht der Sommersonnwende zu erlangen, in anderen Gegenden genügte ein beliebiger Freitag vor Sonnenaufgang, und manchmal musste das bedauernswerte Tier durchaus schwarz sein und mit seinem Schwanz an die Wurzel gebunden werden.

Ebenso beharrlich hielt sich der schrecklüsterne Aberglaube, die seltene Mandragora, auch „Galgenmännlein“ genannt, sprieße bevorzugt aus dem Harn oder Sperma gehängter Verbrecher. Es sei der markerschütternde Schrei der ausgegrabenen Alraune, den der Mensch niemals ertragen könne.

Der grabt Alrauna undrem Gricht,
loufft weck, das ers hört schreien nicht.

Leonhard Thurneysser (1531 – um 1596)

Die Pflanze an sich bietet rein äußerlich wenig Spektakuläres. Ihre längs mehrfach gespaltene Wurzel reicht bis zu 60 Zentimetern in die Tiefe der Erde. Darüber kurz gestielte, eiförmig längliche Blätter, die eine dunkelgrüne Rosette bilden. Einmal im Jahr blüht die Mandragora und entwickelt gelbe kugelige Beeren, über deren halluzinogene Wirkung sich schon mancher keltische Druide gefreut haben mag. Aber darauf kommt es meist nicht an. Entscheidend war seit jeher das Verborgene, die Wurzel also, die entfernt an eine menschliche Gestalt erinnert, ob als „Männlein“ oder „Weiblein“, mit haarigem Köpfchen und knorrigen Armen und Beinen. Sie wurde in kostbare Kleider gehüllt und gehütet wie ein Schatz, eine kleine hässliche Puppe, wertvoller als so mancher Edelstein. Und die Kunde ihrer Zauberkraft furchtsam flüsternd weitergetragen durch die Jahrhunderte – nicht umsonst besitzt das Wort „Alraune“ denselben etymologischen Stamm wie „raunen“.

Unverwundbar soll sie machen. Unsichtbar nach Wunsch. Krankheiten fernhalten. Sie soll unterirdische Schätze anzeigen und so den Weg weisen zu unermesslichem Reichtum. Ein Geldstück zur Mandragorawurzel gelegt, verdopple sich bis zum nächsten Tag, mancherorts sagte man, der Alraun trüge es durch den Schornstein ins Haus. Auf Wienerisch zog man bei einem, der beim Spiel gewinnt, den messerscharfen Schluss: „Der muss a Oraunl im Sack haben!“

Und was wäre eine mächtige Zauberpflanze ohne Einfluss auf das begierigste und bedingungsloseste Verlangen des Menschen – die Liebe? An dieser Stelle nicht die Wurzel, sondern der süßliche Duft der goldenen Früchte, Sinnbild der berauschten Leidenschaft. Im Altertum galt die Mandragora als Pflanze der griechischen Göttin Hekate, der „Herrin der Unterirdischen“, der „Gebieterin der Dämonen“ und der „Dämonin der Liebestollheit“.

Hildegard von Bingen (1098–1179) schreibt, wegen ihrer Menschenähnlichkeit wohne der Alraune der Teufel mehr inne als anderen Kräutern. Man solle sie einen Tag und eine Nacht in Quellwasser legen, so werde ihr das Böse ausgetrieben; wasche man sie nicht in dieser Weise, könne man sie jedoch zu magischen Zwecken verwenden.

Einst ging Ruben zur Zeit der Weizenernte weg und fand auf dem Feld Alraunen. Er brachte sie seiner Mutter Lea mit. Da sagte Rahel zu Lea: Gib mir doch ein paar von den Alraunen deines Sohnes! Sie aber erwiderte ihr: Ist es dir nicht genug, mir meinen Mann wegzunehmen? Nun willst du mir auch noch die Alraunen meines Sohnes nehmen? Da entgegnete Rahel: Gut, dann soll Jakob für die Alraunen deines Sohnes heute Nacht bei dir schlafen. Als Jakob am Abend vom Feld kam, ging ihm Lea entgegen und sagte: Zu mir musst du kommen! Ich habe dich nämlich erworben um den Preis der Alraunen meines Sohnes. So schlief er in jener Nacht bei ihr.
Genesis, 1. Buch Mose

Was ist dran?
Tatsache bleibt, dass die Einnahme aller Pflanzenteile Rauschzustände hervorruft, seit alters wurde sie vielseitigst einerseits als Schlaf-, Schmerz- und Betäubungsmittel, andererseits als Aphrodisiakum und Halluzinogen verwendet. Heutzutage findet die Pflanze in unserer Heilkunde keine Anwendung mehr. Der Rest ist uralte Geschichte. Und wen wundert's, dass in vielen Kulturen ein schwunghafter Handel mit den sagenumwobenen Alraunenmännchen getrieben wurde? Für gefälschte Schnitzereien aus Mohrrüben wurde manch einer sogar gehängt. Die Berliner „Glücksalraune" aus dem Warenhaus war übrigens auch keine echte Mandragora, sondern ein Wurzelstückchen des weit billigeren Allermannsharnisch. Auch nicht verkehrt, denn der wiederum steht nach Überlieferung für wirksame Abwehr von Unheil aller Art.

Die klügsten Waldgeister
sind die Alräunchen,
langbärtige Männlein
mit kurzen Beinchen,
ein fingerlanges Greisengeschlecht,
woher sie stammen,
man weiß es nicht recht.

Heinrich Heine (1797–1856)

Erinnere du dich, Beifuß,
was du verkündetest,
was du anordnetest
in feierlicher Kundgebung.
Una heißest du,
das älteste der Kräuter;
du hast Macht gegen
drei und gegen 30,
du hast Macht gegen
Gift und gegen Ansteckung,
du hast Macht gegen das Übel,
das über das Land dahinfährt.

Nine Herbs Charm, 9./10. Jh.

Besenkraut
Gänsekraut
Johannisgürtel
Muggert
Mugwurz
Sankt Johanniskraut
Schoßwurz
Sonnwendgürtel

Beifuß

Artemisia vulgaris

Familie: ***Korbblütler Asteraceae***
Steht für: ***Macht, Abwehr von Unheil; Frauenkraut***
Wichtige Inhaltsstoffe: ***Bitter- und Gerbstoffe und ätherische Öle, u. a. Thujon und Campher***
Vorkommen: ***An Weg- und Autobahnrändern, Hecken, Zäunen, Ödland und Mauern; sehr häufig***
Heilpflanze: ***Mittel zur Verdauungsförderung. Für Tee werden die Blätter verwendet. Vorsicht bei Schwangerschaft, kann in großen Mengen abortiv wirken!***
Küche: ***Feines Gewürz für deftige Fleischgerichte. Erntezeit Juli bis September. Man schneidet die oberen Triebspitzen, solange die Blütenkörbchen noch geschlossen sind.***

Man gehe am Karfreitag rückwärts und schweigend zu einer Beifußpflanze und grabe die Wurzel aus. Daran muss sich ein schwarzes Würmchen befinden. Dieses lasse man vorsichtig in eine Flasche gleiten, die nun sorgfältig aufzubewahren sei. Der frischgebackene Würmchenbesitzer wasche sich neun Tage lang nicht, bete auf keinen Fall in dieser Zeit und werfe jeden Tag beim Mittagessen ein Stückchen Brot unter den Tisch. Nach neun Tagen hebt der Wurm zur Rede an und gewährt seinem neuen Herrn alles, was er sich wünscht.
So weit ein Rezept aus Böhmen.

Ganz generell wurde dem Gewöhnlichen Beifuß eine anziehende Wirkung auf zauberkräftiges Ringelgetier zugeschrieben. Der mächtige Haselwurm zum Beispiel gab nach mittelalterlicher Vorstellung jeden Widerstand sofort auf, wenn man ihn nur mit Beifuß bestreute. Wer dann schließlich das gefangene Tier verspeist, soll Macht über alle Geister erhalten und darüber hinaus die Gabe besessen haben, sich jederzeit unsichtbar machen zu können.

Im altenglischen Neunkräutersegen ist der Beifuß der erste von neun sagenhaften Wunderzweigen, mit denen der Gott Odin den giftigen, Verderben bringenden Lindwurm bezwang. Denn den Germanen und Kelten galt das widerstandsfähige Kraut als schlagkräftigste unter den Pflanzen. Sie nannten ihn Mugwurz, was man mit „Machtwurz" übersetzen könnte.

„Mutter aller Kräuter" und „Frawenkraut"
Die botanische Bezeichnung *Artemisia* weist auf die altgriechische Göttin Artemis hin, Jagdgöttin einerseits, Schützerin des weiblichen Schoßes andererseits.

Kräuter und ihre Kräfte im Liede besingend, erachte ich's für recht und billig, die Mutter aller Kräuter an den ersten Platz zu stellen. Diana nämlich, Artemis genannt, soll ihre Heilwirkung als Erste gefunden haben, und deshalb trägt die Pflanze ihren Namen.
Odo von Meung, *Macer floridus,* 11. Jh.

Um den Bauch gebunden, stand das „sonderlich frawenkraut" in dem Ruf, bei Menstruationsbeschwerden, schweren Geburten und gegen Unfruchtbarkeit zu helfen.

Sonnwendzauber
21. Juni, Sonnwende. Die Artemisiastauden blühen jetzt überall. Beim Sonnwendfeuer feiert die keltische Dorfgemeinschaft mit einem Gürtel aus Beifuß und anderen duftenden Kräutern den höchsten Stand der Sonne und damit den Höhepunkt der Fruchtbarkeit in der Natur. Den Gürtel wirft man anschließend in die Glut und ruft: „All mein Unglück gehe hinweg und werde verbrannt mit diesem Kraut."

Ebenfalls in der Sonnwendnacht, der Johannisnacht, soll man laut litauischer Überlieferung glühende Kohlen unter den Beifußpflanzen finden. Gräbt man sie zwischen 11 und 12 Uhr aus, gelten sie als wirksames Mittel gegen Fieber und Epilepsie. In anderen Gegenden sollen die wertvollen Kohlen nur dann zu bekommen sein, wenn man sie mittags exakt mit dem Glockenschlag zutage fördert. Ist der Ton verklungen, sind auch die Kohlen verschwunden. Darüber hinaus werden sie mancherorts von einem grauenerregenden, riesigen schwarzen Hund mit tellergroßen Augen bewacht.

Was ist dran?
Und was soll eigentlich der Name „Beifuß"? Man schrieb der Pflanze die Kraft zu, die Füße vor Ermüdung zu schützen. Schon der römische Naturforscher Plinius der Ältere empfahl, sich einfach vor der Wanderung ein Blättchen in den Schuh zu legen.

Heutzutage genießt man Beifuß in erster Linie in der Kräuterküche, wunderbar an schweren Fleischspeisen wie Gänse- oder Schweinebraten, aber auch an Huhngerichten oder Fisch.

Die Erfahrungsheilkunde lehrt den Gebrauch als mild wirkendes Mittel zur Verdauungsförderung und bei Menstruationsbeschwerden.

Wenn eine Frau im Wochenbett liegt, nimm Artemisiam und binde es auf ihre Leiste.
Klosterhandschrift, 14. Jh.

Wenn eine Weibsperson ihre Monatsblum nicht recht hat, die nehm eine Hand voll Beifuß, lass den in der halben Elsässer Maß Weins den dritten Teil einsieden und trinke davon abends und morgens, jedes Mal einen guten Becher voll warm.
Jacob Theodor, *New Kreuterbuch*, 1588

Rezept
zur Erlangung des Liebsten:

1 Sträußchen Beifuß
ans Bein binden
und bei sich tragen,
das steigert nebenbei
auch die Liebeslust!

N. 170.
b

Christrose

Helleborus niger

Familie: *Hahnenfußgewächse Ranunculaceae*
Steht für: *Wetterorakel, Geisterabwehr*
Wichtige Inhaltsstoffe: *Glykoside*
Vorkommen: *Alpenpflanze, Zierpflanze in Gärten*
Heilpflanze: *Nicht mehr verwendet.*
Früher gegen Herzschwäche und Wahnsinn
Giftig!

Christblume
Christwurz
Gillkraut
Kirchenrose
Krätzenblum
Märzenkaibl
Schellmerwurzel
Schneeblume
Schneekaderl
Schwarze Nieswurz
Unserherrgottsblume
Weihnachtsrose
Weinblume

Alles schläft. Es ist um die Zeit der Raunächte, in denen Odins Geisterschar über die Lande zieht. Der eisige Wind heult um die Häuserecken, und alles, was Farbe war, ist unter einer schweren, glitzernden Schneedecke verschwunden. Nur vielleicht an einer Stelle aufgebrochen, einem kleinen Fleck, wo tags die Sonne hingeschienen hat. Blattwerk, das dunkelgrün und mehrfingrig aus dem Löchlein hervorspitzt, als hätte es da seit jeher gewartet. Dann das Wunderwerk, die Blüte, strahlend weiß, wie der Schnee, der sie umgibt.

Wer weiß, vielleicht ist ja was dran an der Erzählung, dass die germanische Göttin Freya Mitleid mit einem armen Mädchen hatte, das von seiner bösen Tante in die kalte Winternacht hinausgejagt wurde. Sie erbarmte sich der anmutigen Jungfrau und verwandelte sie in eine leuchtende kleine Blume mitten im Schnee.

Wenn die wundersame Christrose genau um Weihnachten herum ihre weißen Kelchblätter entfaltet, wird ein fruchtbares Jahr folgen, so die alte Überlieferung. Wer an Heiligabend zwölf Blütenknospen ins Wasser stellt, eine für jeden Monat des kommenden Jahres, der kann daran die meteorologischen Verhältnisse ablesen; die sich öffnenden Blüten deuten auf gutes Wetter hin.

WARNUNG
Vorsicht, die Vase mit Christrosen darf (wie übrigens viele Frühjahrspflanzen) keinesfalls im Haus aufgestellt werden, sonst legen die Hühner keine Eier mehr!

Der Name Christrose oder -blume oder Weihnachtsblume erklärt sich selbstredend aus der Blütezeit. Eine andere bekannte Bezeichnung für die Pflanze ist weit weniger poetisch: Sie wird auch „Schwarze Nieswurz“ genannt. Der pulverisierte schwarze Wurzelstock reizt die Schleimhäute aufs Heftigste und wurde in Minimaldosierung gern für Schnupftabak verwendet.

Also sprach und reichte das heilsame Kraut Hermeias, das er dem Boden entriss, und zeigte mir seine Natur an: Schwarz war die Wurzel zu schauen und milchweiß blühte die Blume. Moly wird's von den Göttern genannt. Schwer aber zu graben ist es den sterblichen Menschen; doch alles ja können die Götter.
Homer, *Odyssee*

Die hochwirksame Pflanze wurde seit der Antike gegen Wahnsinn, Depressionen und Epilepsie geschätzt, und so soll sie schon den starken Herkules von einem Tobsuchtsanfall geheilt haben.

Ebenso galt sie als Mittel gegen Herzschwäche und Infektionskrankheiten; etwa seit dem 16. Jahrhundert war man sich allerdings der gefährlichen Wirkung bei Überdosierung wohl bewusst und es galt der Spruch:

Drei Tropfen machen rot, zehn Tropfen machen tot.

Plinius schrieb, dass die gallischen Krieger ihre Jagdwerkzeuge mit dem Saft der Pflanze bestrichen, das solle das Fleisch zarter werden lassen. Allerdings schnitten sie dann die Wunden der erlegten Tiere großflächig aus, um selbst nicht mit dem Gift in Berührung zu kommen.

Als Zauberpflanze wurde die heutige Christrose seit dem Altertum hoch geschätzt. Sie galt als geisterabwehrend und jugenderhaltend, war gut gegen Viehkrankheiten und zur Reinigung des Hauses. Man vermutet sogar, sie könnte hinter dem geheimnisvollen homerischen Kraut „Moly“ stecken. Das nämlich hatte der Götterbote Hermes persönlich dem listigen Seefahrer Odysseus gegeben, um ihn vor der Zauberin Kirke zu schützen. Dessen Glück, denn seine Gefährten wurden in schwarze Warzenschweine verwandelt!

Der berühmteste Pharmakologe des Altertums, der griechische Arzt Dioskurides, berichtet, man müsse beim Graben der Pflanze darauf achtgeben, dass einem nicht etwa ein Adler zusehe, ansonsten sei man dem Tod geweiht. Außerdem müsse die Pflanzenbeschaffung rasch vor sich gehen und man müsse Knoblauch und Wein dabei zu sich nehmen.

Was ist dran?
Man kann sich vorstellen, dass die außergewöhnliche Blütezeit Grundlage für allerlei Sagenhaftes lieferte. Heutzutage wird man sich jedoch wohl eher an die Gartenpflanze halten, den ersten Frühlingsboten, der das neue Jahr begrüßt.
In der Volksmedizin findet die Christrose gelegentlich noch als Brech- und Abführmittel sowie gegen Wassersucht und Harnverhalt Verwendung. Allerdings ist von der Einnahme aller Pflanzenteile wegen ihrer Giftigkeit dringend Abstand zu nehmen!

Auf eine Christblume

Tochter des Walds, du Lilienverwandte,
so lang von mir gesuchte, unbekannte,
im fremden Kirchhof, öd und winterlich,
zum ersten Mal, o Schöne, find ich dich!

Von welcher Hand du hier erblühtest,
ich weiß es nicht, noch wessen Grab du hütest;
ist es ein Jüngling, so geschah ihm Heil,
ist's eine Jungfrau, lieblich fiel ihr Teil.

Im nächtgen Hain, von Schneelicht überbreitet,
wo fromm das Rehan dir vorüberweidet,
bei der Kapelle, am kristallnen Teich,
dort sucht' ich deiner Heimat Zauberreich.

Schön bist du, Kind des Mondes, nicht der Sonne;
dir wäre tödlich andrer Blumen Wonne,
dich nährt, den keuschen Leib voll Reif und Duft,
himmlischer Kälte balsamsüße Luft.

In deines Busens goldner Fülle gründet
ein Wohlgeruch, der sich nur kaum verkündet;
so duftete, berührt von Engelshand,
der benedeiten Mutter Brautgewand.

Dich würden, mahnend an das heilge Leiden,
fünf Purpurtropfen schön und einzig kleiden,
doch kindlich zierst du, um die Weihnachtszeit,
lichtgrün mit einem Hauch dein weißes Kleid.

Der Elfe, der in mitternächtger Stunde
zum Tanze geht im lichterhellen Grunde,
vor deiner mystischen Glorie steht er scheu,
neugierig still von fern und huscht vorbei.

Eduard Mörike (1804–1875)

Dost

Origanum vulgare

Familie: Lippenblütler Lamiaceae
Steht für: Teufels- und Dämonenabwehr
Wichtige Inhaltsstoffe: Ätherisches Öl, vor allem Thymol, Bitter- und Gerbstoffe
Vorkommen: An Wegrändern, in trockenem Rasen, in lichten Wäldern und Gebüschen; häufig
Heilpflanze: Bäder des blühenden Krauts zur Entspannung und Krampflösung, Blütentee gegen Husten und gegen Magen- und Darmbeschwerden
Küche: Verwendung wie Oregano. Gewürz zu italienischen Tomatensaucen und Pizza. Ernte von Frühjahr bis Herbst, am besten in der Blütezeit. Getrocknet schmeckt das Kraut intensiver.

Badkraut
Bergminze
Blauer Dunst
Dosten
Orant
Oregano
Wilder Balsam
Wilder Majoran
Wohlgemut

Dost soll zu jenen duftenden Pflanzen gehört haben, die Maria einst ihrem Jesuskind in die Krippe legte. Noch heute bindet man in vielen Gegenden am 15. August, Mariä Himmelfahrt, ein kleines Sträußchen aus besonderen Kräutern, das in Gedenken an die Muttergottes gesegnet wird. Jeder Pflanze kommt hier ihre eigene Bedeutung zu, und der rot blühende Dost wird der alten Überlieferung nach vor allem in der Dämonen- und Teufelsabwehr gebraucht, gleich vielen wohlriechenden Gewächsen.

Der wilde Majoran ist aus zauberischer Sicht ausgesprochen kooperativ. Oft glaubte man seine Wirkung mit anderen Kräutern verstärken zu können.
Am geheimnisvollsten die alliterierende Kombination mit dem sagenhaften Wunderkraut Dorant, das heute keiner mehr benennen kann. Aber auch ganz gewöhnlicher Dill schien bösen Hexen unangenehm genug, wie folgende Geschichte zeigt: Eine junge Bäuerin aus Hildesheim hatte seit Langem geargwöhnt, dass ihre unangenehme Nachbarin ihr absichtlich die Aussaat verderbe. Das Mädchen beschloss nun, sie mit ein paar besonderen Sämlingen auf die Probe zu stellen. Am nächsten Tag, als die lästige Frau wieder einmal an ihrem Gartenzaun erschien, bestätigte sich der Verdacht – die entlarvte Hexe kreischte plötzlich schmerzverzerrt:

**Dillen und Dust,
dat hew ek nich ewusst!**

Ein paar Büschel von dem Zauberkraut reichen jedoch auch ganz allein, um sogar den Teufel das Fürchten zu lehren. Eine böse alte Hexe, so eine Erzählung aus Thüringen, lud ihre junge Nichte zu sich ein, um sie in ihre schwarzen Künste einzuweihen. Der Teufel sollte ebenfalls beiwohnen; diese Aussicht jedoch machte dem Mädchen Angst und es erzählte seiner Mutter von der bevorstehenden Konspiration. Die gewitzte Mutter wusste Rat: Sie ließ das Mädchen zwar zu der Verabredung gehen, jedoch nicht, ohne ihm zuvor die Taschen mit rotem Dost vollzustopfen. Als schließlich der Satan – erkennbar an seinem Pferdefuß – die Stube der bösen Muhme betrat, nahm er misstrauisch Witterung auf, blickte erbost auf das Mädchen und rief:

Ein Blümlein auf der Heiden
mit Namen Wohlgemuth,
lass uns der lieb' Gott wachsen,
das ist für Trauern gut.

Volkslied

Roter Dost!
Hätt ich dich gewosst,
hätt ich dich vernomme,
wär ich net daher gekomme.

Prompt verschwand er in einer stinkenden Schwefelwolke.

Kraut der Zuversicht

Prophylaktisch rät die Überlieferung, bei einer Hochzeit Dost in die Brautschuhe zu geben, um das Böse von der Ehe fernzuhalten. Mancherorts soll Dost den Schnittern und Mähern vor der Erntearbeit unter das Essen gemischt worden sein, damit sie freudiger arbeiteten. Denn das Kraut sollte die Stimmung heben – daher auch der freundliche Name Wohlgemut.

Was ist dran?

Den Aberglauben, der wilde Majoran könne böse Mächte vertreiben, teilte sich die Pflanze mit vielen Duftkräutern. Und man kann es nachvollziehen, wenn man ein paar der kleinen rosa Blüten zwischen den Fingern zerreibt oder beobachtet, wie gerne die blühende Pflanze von Bienen und Hummeln angeflogen wird. Als reines Gewürzkraut ist der aromatische Dost seit etwa 400 Jahren belegt, aus dem 17. Jahrhundert etwa stammt ein Rezept für Pfannkuchen aus Eiern und Dostmehl. Heutzutage spielt das Kraut vor allem in der mediterranen Küche eine Rolle, Oregano gilt als Klassiker der Pizza- und Tomatengewürze.

Arbassen
Arfte
Erbeiß

Erbse

Pisum sativum

Familie: Schmetterlingsblütler Fabaceae
Steht für: Fruchtbarkeit und Glück; Speise der Geister und Zwerge
Wichtige Inhaltsstoffe: Eiweiß, Vitamine, Mineralstoffe, Spurenelemente
Vorkommen: Nutz- und Gartenpflanze
Küche: Gemüse, Salate, Suppen, Eintöpfe

Am Donnerstag gibt es Erbsen. Seit Jahrhunderten. Vielerorts hielt sich der uralte Brauch, an jenem Tag – also Donars Tag – Erbsengerichte zu essen. Denn bei den Germanen war jenes Gemüse dem Donnergott Donar oder Thor geweiht. Lieblingsspeise des Zwergenvolkes. Und der in den Raunächten aktiven Wilden Jagd, die unheildrohend über die Lande fegt. Deshalb war es verpönt, an diesen zwölf besonderen Nächten zwischen Heiligabend und Heilige Drei Könige die getrockneten Hülsenfrüchte zu essen, andernfalls drohte man als Rache der Geister Geschwüre zu bekommen. Aus Schwaben stammt der eigenwillige Usus, an den Adventsdonnerstagen, den sogenannten Klöpfleinsnächten, Erbsen gegen die Fenster zu werfen.

In Ostdeutschland und Polen dagegen war es Sitte, am 26. Dezember, dem Stephanstag, den Pfarrer mit Erbsen zu bewerfen, um an die Steinigung des heiligen Stephanus zu gemahnen. Anschließend wurden die Hülsenfrüchte wieder aufgesammelt und im nächsten Frühjahr in der Hoffnung auf einen reichen Ernteertrag ausgesät. Die Erbse nämlich, mit ihren prall gefüllten Hülsen, galt als Fruchtbarkeitssymbol par excellence. Wer zum Beispiel eine reiche Obsternte erzielen will, schlage am Karfreitag mit einem prallen Säckchen getrockneter Erbsen gegen den Stamm des Baumes. Zur Erntezeit wird er die gleiche Menge Früchte tragen, wie Erbsen im Sack waren. Alternativ kann man auch schon zu Weihnachten Erbsen auskochen und das Wasser über ein langes flaches Strohbündel gießen. Wenn man mit diesem Bund schließlich den Baum umwindet, wird die Anzahl der Früchte – so heißt es – mit der der gekochten Erbsen identisch sein. Und Vorsicht: Wenn ein Hahn am Heiligen Abend mit Erbsen gefüttert wird, werden sich seine Hennen im folgenden Jahr vor seiner virilen Appetenz kaum zu retten wissen.

Im übertragenen Sinne gilt die Fruchtbarkeitsregel: viele Erbsen, viele Geldstücke! Wenn man in einigen Gegenden Brautleute mit den getrockneten Hülsenfrüchten bombardiert, möchte man ihnen in robuster Herzlichkeit einerseits Kindersegen, andererseits aber auch viel Reichtum wünschen. Ein traditionelles Erbsengericht an Weihnachten oder Silvester soll schon manchem dazu verholfen haben, dass sein Geldsäckel im folgenden Jahr prall gefüllt blieb.

Doch der kugelige Glücksbringer kann nach Überlieferung noch mehr. Warzen heilen zum Beispiel, ganz nach der Ähnlichkeitsregel, bei der die Form des Leidens die Form des Gegenzaubers bestimmt. Die einfachste Methode gegen die Hautplage: eine gekochte Erbse auf der betroffenen Hautstelle ausdrücken, aber niemals jemandem davon erzählen. Wer von mehreren Warzen befallen ist und zufällig einen offenen Kamin besitzt, der kann die entsprechende Anzahl an Erbsen hinterrücks hineinwerfen, muss dann allerdings die Beine in die Hand nehmen, denn das Knallen der Erbsen im Feuer darf einem keinesfalls zu Ohr kommen, sonst naht Unglück.

Liebeszauber

Für die Liebe Erfolg versprechend, mit unbequemen Abstrichen: Wer als Mädchen beim Fest umschwärmt sein will, sollte sich rohe Erbsen in die Schuhe legen – an glühenden Verehrern herrscht daraufhin kein Mangel. Wer schön sein will, muss eben leiden, das hat ja schließlich auch schon die Prinzessin auf der Erbse erfahren müssen. Bekanntermaßen ging der ultimative Prinzessinnentest so:

Nun, das wollen wir bald genug herausbekommen, dachte die alte Königin, sagte aber nichts, ging in das Schlafzimmer, nahm alle Betten heraus und legte eine Erbse auf den Boden der Bettstelle. Darauf nahm sie zwanzig Matratzen, legte sie auf die Erbse und dann noch zwanzig Eiderdaunenbetten oben auf die Matratzen.
Hans Christian Andersen, *Die Prinzessin auf der Erbse*

Wer wissen möchte, wen man zur Braut oder zum Bräutigam bekommt, braucht eine Schote, in der genau neun Erbsen enthalten sind. Man platziere diese hinter die Zimmertür und warte auf den Nächsten, der eintritt. Der kann dann gar nicht anders, als den Namen des oder der Zukünftigen auszusprechen.

Erbeiß ist das
gebräuchlichste Gemüß
oder Geköchsel
in unseren Küchen.
eynd mancherley von Farben,
Größe und Gestalt,
zahm und wild.

Adam Lonitzer (1528 – 1586)

Totenfrüchte

Pflanzt man in der Karfreitagsnacht eine Erbse in einen Totenschädel (der einer Heidelerche geht auch) und vergräbt diesen unter der Dachtraufe einer Kirche, sind die daraus erwachsenen Früchte nach Überlieferung in der Lage, einen unsichtbar zu machen. Wenn man mit drei Erbsen im Mund zu einer Kapelle geht, kann man die Geister der toten Verwandten und Freunde in den Bänken sehen. Schon bei den alten Ägyptern etwa, zweitausend Jahre vor Christi Geburt, galt die Erbse als Totenspeise, und als fester Bestandteil des Leichenschmauses hat sie sich in manchen Gegenden bis heute erhalten.

Was ist dran?
Erbsen als europäische Kulturpflanze gibt es seit der Jungsteinzeit. In vielfältiger Ausprägung, denn von der Zuckerschote bis zur Gartenerbse existieren weltweit mehr als 1000 Sorten. Bei den alten Griechen und Römern gehörten die kleinen mehligen Eiweißlieferanten zum alltäglichen Speiseplan, wenn auch häufig als Armenspeise. Die zarten Zuckererbsen dagegen galten am Hof Ludwigs des XIV. als unbezahlbarer Luxus. Kein Wunder also, dass eine Pflanzengattung, die die Menschheit seit so langer Zeit begleitet, mit vielen Sagen und Geschichten verbunden ist.

Gute Tage für die Erbsensaat:
- **Gründonnerstag**
- **Karfreitag**
- **Hiobstag**
- **Matthiastag**
- **Markustag**
- **am 100. Tag des Jahres, dann bringen sie hundertfache Ernte**
- **an dem Wochentag, an dem der erste Schnee gefallen ist**
- **Mittwoch- oder Samstagvormittag (nachmittags gesät bringen sie weniger Schoten)**
- **bei abnehmendem Mond**
- **bei Vollmond**

Bandwurmwurzel
Flohwurz
Glückshand
Hexenleiter
Hirschzehen
Hurenkraut
Irrkraut
Johanniskraut
Mausleitern
Schawel
Teufelswisch
Wanzenwurz

Farn

Dryopteris filix-mas

Familie: Schildfarngewächse Aspidiaceae
Steht für: Glück, Reichtum und Hellsicht
Wichtige Inhaltsstoffe: Butanonphloroglucide
Vorkommen: Wälder und Gebüsche; häufig
Heilpflanze: Nicht mehr verwendet. Früher gegen Bandwurmbefall
Giftig!

Blüht in der Christ- und der Johannisnacht und lässt dann seine samen fallen. Das geschieht um Johannis, fallen sie ab wie ein mäl oder staub, denselbigen sameln etliche alte weiber, schreien das außfür Farensamen, ich geschweig, was sie sonst mit treiben.
Hieronymus Bock (1498 – 1554)

Farn ist unheimlich. Gefiedertes Urzeitgewächs, viel älter als die Menschheit. Im Dunkeln gedeihend. Den finsteren Mächten nahe – sei es, um sie abzuwehren, sei es, um ihnen zu Diensten zu stehen.

In der Christnacht und an Johanni entwickelt die geheimnisvolle Waldpflanze nach alter Überlieferung eine leuchtende Blüte, herrlich und prächtig wie keine andere, und lässt gleich danach winzige bleifarbene Samen aus dem Blattgefieder fallen, die geheimnisvolle Zauberkraft besitzen. Wer den Farnsamen auffängt, bewusst oder unbewusst, dem verleiht er Glück und Macht. Am leichtesten soll er zu erlangen sein, wenn ein Komet am Himmel steht.

Auch in anderen Nächten kann der Suchende sein Glück herausfordern:

- **Thomasnacht**
- **die Nacht vor Pfingsten**
- **Siebenschläfer**
- **Trinitatissonntag**
- **Kiliansnacht**

In einer Johannisnacht war ein bayerischer Bauer auf der Suche nach seinem entlaufenen Fohlen. Er lief kreuz und quer durch den Wald, abseits von den Wegen, unablässig nach dem verlorenen Tier rufend. Dabei fielen ihm unbemerkt einige Farnsamen in die Schuhe. Als er wieder heimkam und in die Stube trat, jagte er seiner Familie einen gehörigen Schreck ein, denn sie konnten seine Stimme und seine Schritte hören, sein Körper aber war nicht zu sehen. Erst als er endlich die Schuhe ausgezogen hatte, nahm er wieder Gestalt an.

Wer den Farnsamen besitzt, der …
… kann die steilsten Wege bezwingen,
sogar mit Pferd und Wagen eine schmale Leiter hinauffahren.
… ist auf allen Reisen geschützt.
… kann Tiere sprechen hören.

Eine Sage erzählt von einem armen Gänsehirten, dem Farnsamen in die Schuhe gefallen waren. Er traute seinen Ohren nicht! Die ganze Nacht über konnte er das Gespräch seiner Vögel verfolgen. Am nächsten Morgen erzählte er den anderen Knechten und Mägden davon. Die Kunde verbreitete sich wie ein Lauffeuer, und so wurde auch sein Herr, ein reicher Bauer, auf die merkwürdige Geschichte aufmerksam. Er ließ ihn rufen. Das war eine seltene Ehre, und der arme Mann wechselte flugs seine verschmutzte Kleidung, um einen anständigen Eindruck zu machen. Und eben auch seine Schuhe. Herr und Hirt gingen zusammen zu den Gänsen, und auf die Frage des Bauern, was die Tiere denn nun zu sagen hätten, wusste der bedauernswerte Mann auf einmal nichts mehr zu berichten. So wurde er zum Gespött der Leute.

Wer den Farnsamen besitzt, der …
… kann Schätze finden.
… hat Glück im Spiel.
… wird unempfindlich gegen Hieb- und Stichverletzungen.
… kann Freikugeln machen, die niemals ihr Ziel verfehlen. Sechs Kugeln hat der Schütze dann zur Verfügung. Nur die siebte – die gehört dem Teufel.

Eine Methode aus Niederösterreich zur Gewinnung von Farnsamen an Johanni:
Hierfür braucht man einen Messkelch, sieben grüne Holunderstecken, ein Hemd.
Man ziehe zuerst um sich selbst und die Farnpflanze einen Kreis, den man dann auf keinen Fall verlassen darf. Ganz genau um Mitternacht bekommt der Farn eine wundersame große, goldgelb leuchtende Blüte. Wenn die Blütenblätter abfallen, wird bei Blitz und Donner die Erde beben, und eine Schar von Teufeln wird den Kreis umlagern, die man nicht beachten darf. Sobald sich schließlich die Samenhülsen öffnen, halte man den mitgebrachten Messkelch darunter. Danach ziehe man sich nackt aus, breite das Hemd unter dem Farn aus und stecke die Holunderreiser ringsherum in die Erde. Noch vor Sonnenaufgang liegt dann der Farnsame auf dem Hemd.

Methode für den Winter:
Während der gesamten Adventszeit keinesfalls beten und sich ausschließlich mit teuflischen Gedanken beschäftigen. In der Christnacht dann zwischen elf und zwölf Uhr auf eine Wegkreuzung stellen, über die schon ein Leichenwagen gefahren ist. Die erscheinenden Gestalten von bekannten und unbekannten Toten unbedingt ignorieren! Wirklich unbedingt, denn zeigt man Reaktion, wird man auf der Stelle vom Teufel zerrissen! Punkt Mitternacht wird der Leibhaftige in Gestalt eines Jägers kommen und einem den Farnsamen in einer Tüte überreichen.

Wer Farnsamen und Zeisigeier bei sich trägt, kann sich nach Belieben unsichtbar machen.
Volksglaube

Dem Farnsamen wird eine ungeheuerliche Durchschlagkraft nachgesagt. Mancherorts soll man deshalb den Samen in einem geweihten Messkelchtuch oder alternativ im Vlies eines schwarzen Bocks oder einer Windel auffangen. Papier etwa oder Schürzenstoff würde sofort durchbohrt, und die mühsame Ernte verabschiedet sich in Richtung Erdmitte. Zur Weiterverarbeitung des wehrsamen Zaubermittels wird häufig ein robuster Mörser aus Eisen empfohlen, der der magischen Kraft standhalten kann.

Bereits 1612 erließ das Konzil von Ferrara kurzerhand ein Verbot für das Sammeln von Farnpflanzen in der Johannisnacht. Man kann sich vorstellen, wie groß die Hysterie um die Zaubersamen gewesen sein muss, die eine solche Maßnahme rechtfertigte.

Was ist dran?
Eine Blüte oder einen Samen hat noch keiner an einem Farn entdeckt! Aber wie ist er dann in der Lage, sich zu verbreiten? Das muss mit übernatürlichen Dingen zugehen, nahmen unsere Vorfahren an und erfanden die Sage vom wundersamen Zaubersamen, nach dem man sich zu gegebener Zeit auf die gefahrvolle Suche machte. Doch gefunden hat ihn keiner, denn Farne sind Gefäßsporenpflanzen, und ihre Fortpflanzung erfolgt über eben jene Sporen, die sich meist auf der Unterseite der Farnwedel befinden. Zwischen Juli und November reifen sie und werden schließlich vom Wind verbreitet.

I had no medicine, Sir, to go invisible.
No fern-seed in my pocket.

Ben Jonson (1572–1637), *The New Inn*

Gundermann

Glechoma hederacea

Blauhuder
Bundrebeli
Donnerrebe
Erdefeu
Erdkränzl
Gundam
Gundelrebe
Heckenkieker
Soldatenpetersilie
Zieckelkräutchen

Familie: *Lippenblütler Lamiaceae*
Steht für: *Fernhalten von bösem Zauber, Hellsicht, Schutz vor Krankheit und Unwetter; Schutzkraut für Haustiere*
Wichtige Inhaltsstoffe: *Ätherisches Öl, Bitter- und Gerbstoffe, Vitamin C, Mineralstoffe*
Vorkommen: *Zäune, Wiesen, Wald, Ufer; häufig*
Heilpflanze: *Tee gegen Husten und Magenverstimmung, Wundkraut*
Küche: *Junge Blätter für Salate, ältere Blätter als Würzkraut*

Alle Hecken zeigten
einen grünen Saum,
und an den geharkten Stellen,
wo man das abgefallene Laub
an die Seite gekehrt hatte,
keimten bereits die grünen
Blättchen des Gundermann,
und einmal war es ihr,
als schöss eine Schwalbe
mit schrillem, aber heiterem
Ton an ihr vorüber.

Theodor Fontane (1819–1898),
L'Adultera

Gundermann liebt nichts mehr als die Nähe von Haus und Hof. Gerne durchwuchert er lästig den Rasen, wächst unter Hecken und an Zaunrändern. Unkraut also, aus heutiger Gartenliebhabersicht! Nach altem Glauben jedoch gilt die herzblättrige Pflanze als guter Hausgeist, und wer ganz genau hinsieht, wird vielleicht unter seinen dunkelgrünen Blättern die Heinzelmännchen entdecken, die dort wohnen.

Schon den Germanen und Kelten war der Gundermann heilig. Er wurde dem Wettergott Odin zugeordnet und stand deshalb in dem Ruf, wirksamen Schutz gegen Blitz und Hagel zu bieten. Um die wärmende Heilkraft der Pflanze zu verstärken, kochte man das Kraut in Ziegenmilch. Mit gutem Grund, denn die ätherischen Öle lösen sich im Fett. An Festtagen flocht man sich Kränze aus Gundermann ins Haar, ebenso in jenen warmen Sommernächten, in denen die Geister und Götter ganz besonders nahe schienen. Wer sich in der Sonnwendnacht einen Kranz des herb duftenden Krauts aufs Haupt drückte, war empfänglich für die Anderwelt.

Dieser Glaube erhielt sich über viele Jahrhunderte. Wer in der Walpurgisnacht gepflückten Gundermann zu einem Kranz windet und diesen am nächsten Tag aufsetzt, soll alle Hexen im Dorf erkennen können – interessanterweise daran, dass sie einen Melkeimer auf dem Kopf tragen. Einer jungen Dienstmagd ist diese Gabe nach einer sächsischen Sage allerdings schlecht bekommen. Sie war mit einem Gundermannkranz auf dem Kopf in die Kirche gegangen und hatte viele Frauen aus ihrer Nachbarschaft – darunter auch ihre eigene Herrin – an den nun untrüglichen Merkmalen als Hexe erkannt. Als die bösen Weiber nun ihrerseits den Kranz auf dem Haupt des Mädchens entdeckten, war es um das arme Kind geschehen. Auf Besen und Ofengabeln fielen sie über die Magd her und schlugen sie so heftig, dass sie den nächsten Tag nicht überlebte.

Gundermann gehört zu den neun heiligen Kräutern für die Gründonnerstagssuppe, die das Jahr über vor Krankheit bewahren soll. In manchen Schweizer Gegenden musste das Kraut während der Pfingstpredigt gepflückt sein, um die gewünschte Wirkung zu erzielen. Die bayerischen Bäuerinnen buken am Johannistag vorsorglich neunerlei Kücheln, eins davon mit Gundermann.

Kraut der Tiere

Für Viehhalter galt nach alter Überlieferung der Gundermann als unerlässlich, vor allem für Milchbauern, wenn böse Dämonen die Milch stehlen und die Kuh nichts mehr hergeben kann. So rät bereits das nützliche Zauberbüchlein *Albertus Magnus Bewährte und approbirte sympathetische und natürliche egyptische Geheimnisse für Mensch und Vieh* (das im Übrigen überhaupt nichts mit dem mittelalterlichen Kirchenlehrer zu tun hat, sondern aus dem 18. Jahrhundert stammt):

„Wenn einer Kuh das Euter behext ist
Nimm Gundelreben und winde davon drei Kränzlein, melke jeden Strich hinten durch die Füße dreimal auf die Gundelrebenkränzlein, hernach gib die drei Kränze der Kuh zu fressen und sprich folgende Worte:
Kuh, hier geb ich dir Gundelreben, dass du die Milch wollt'st geben."

Gänsebesitzer können versuchen, ihren Hausvögeln einen kräftigen Nachwuchs zu bescheren, indem sie Gundermann ins Nest legen. Dieser Kniff soll mancherorts schon Wunder gewirkt haben!

Wundkraut

Äußerlich angewendet soll Gundermann wundheilend wirken. In Tirol glaubte man hierzu an das Auflegen von genau 77 Gundelreben-Blättchen. Andernorts war Gundermann ein beliebtes Mittel gegen Zahnschmerzen und Mundfäule: Man bestreiche die betroffene Stelle mit drei Stängeln der Pflanze. Schon Jesus soll einer Sage nach seinen Jünger Petrus damit geheilt haben:

**Sankt Petrus hol drei Gundelreben
und lass sie durch deinen Mund schweben,
so wird dein Mund gesund werden.**

Volksspruch

Was ist dran?

Seit alter Zeit wird Gundermann sehr vielfältig in der Heilkunde eingesetzt und ist vermutlich deshalb in den regional sehr unterschiedlichen Geschichten und Aberglauben so positiv besetzt. Möglicherweise leitet sich der Name „Gundermann" von dem althochdeutschen Wort „gund" ab, was „Eiter" oder „Beule" bedeutet. Damit wäre auf die Bedeutung der Pflanze als Wundheilkraut hingewiesen. Hildegard von Bingen empfahl das Kraut gegen Kopf- und Ohrenschmerzen. Auch heute noch wird es in der Erfahrungsheilkunde bei Abszessen und Augenleiden, in der Traditionellen Chinesischen Medizin gegen Lungen- und Nierenbeschwerden eingesetzt. Übrigens: Wegen seiner Bitterstoffe wurde Gundermann vor der Kultivierung des Hopfens als Konservierungsmittel für Bier verwendet.

CHAMAECISSOS

Gundelreb.

Dorfstille

Holunderduft liegt auf der Dorfesgasse –
die Hüttenfenster gleißen sonnenbunt.
Die Büsche schatten breit – es fliegen blasse
und volle Blüten schwebend hin im Rund.

Die Kirche ragt im goldengrünen Dämmern
der Linden, die sie überdrängen breit.
Nur aus verlorner Ferne dringt ein Hämmern,
als sei's der Herzschlag dieser Einsamkeit …

Sonst alles klangtot!, und die Mittagsstille
liegt wie mit erz'nen Flügeln überm Land –
ich glaube fast, man hört es, wenn die Hülle
der Blätterknospen sprengt ihr bräunlich Band …

Ich glaube fast, man hört es, wenn im Neste
die Schwalbe sich im Mittagsschlafe regt
und wenn ein Bienlein durch die Lindenäste
die Würze tropfend aus den Blüten trägt …

Alberta von Puttkamer (1849 – 1923)

Holunder

Sambucus nigra

Familie: ***Moschuskrautgewächse Adoxaceae***
Steht für: ***Schutz des Hauses, Abwehr von bösem Zauber, Sinnlichkeit, Todesbote***
Wichtige Inhaltsstoffe: ***Calcium, Zucker, Vitamin C (Beeren)***
Vorkommen: ***Waldränder, Wildhecken, Böschungen; häufig***
Heilpflanze: ***Blätter, Blüten, Rinde und Wurzeln gegen Gicht, Rheuma, Verstopfung, Blüten und Beeren gegen Erkältung***
Küche: ***Blüten zur Aromatisierung von Getränken und Süßspeisen, Beeren gekocht als Marmelade, Mus oder Saft***

Vor dem Holunder muss man den Hut abnehmen!
Bauernweisheit

Er ist ein Sinnbild für Überlebenswillen. Durch die starke Ausschlagskraft der Wurzeln treibt der Strauch, auch wenn er gefällt wird, an derselben Stelle meist wieder aus. Mancher Soldat vergrub seine Habseligkeiten unter dem verzweigten Gebüsch, da die Pflanze auch nach Jahren wiederzufinden war.

Der Holunder ist seit Jahrtausenden unauffällig dem Menschen nahe; der bis zu sieben Meter hohe, widerstandsfähige Strauch siedelt sich an Häusern, Zäunen, Mauern und Waldrändern an. Nach alten nordgermanischen und slawischen Überlieferungen wohnen die „Unterirdischen" unter den Holunderbüschen; in Dänemark sind es die Zwerge, die den Duft der Blüten über alles lieben. Nach dem Glauben der alten Preußen lebt hier der Erdengott Puschkaitis, dem man Brot und Bier opfern müsse.

Der Legende nach soll die Gottesmutter Maria auf der Flucht nach Ägypten unter einem Holunderstrauch gerastet haben. Sehr genau die Überlieferung, sie habe an seinen Ästen sogar die Windeln des Jesuskindes getrocknet – seit alters Grund genug, die Unverletzlichkeit der Pflanze zu schützen und ihr keine Gewalt anzutun. Denn die Strafe lässt kaum auf sich warten: Fällen soll schreckliches Unglück bringen, wenn nicht gar den Tod. Nach einer schlesischen Sage brannte einem Mann, der seinen Hollerbaum zersägt hatte, nach genau einem Jahr das Haus ab. Auf gar keinen Fall darf Holunderholz verbrannt werden, sonst droht ein Jahr Zahnweh, die Hühner hören auf zu legen oder die Pferde im Stall gehen zugrunde.

Alhorn
Backholder
Betschel
Eiderbaum
Ellhorn
Flieder
Fliederbeere
Hohler
Holderbaum
Huskolder
Keilken
Kischke
Schwarzholder

Wird der hauseigene Holunder jedoch anständig behandelt, steht er im Ruf, Heim und Hof wirksamen Schutz zu gewähren. Er hält Blitz und Unwetter fern, und an Silvester geschnittene Zweige sollen, zu einem Kranz geschnitten und im Haus aufgehängt, mancherorts gegen Feuersbrunst geholfen haben. Vor der Stalltür gepflanzt, glaubte man das Vieh vor bösem Zauber sicher. Deshalb hält man in manchen alten Bauernhäusern aus Holunderholz geschnitzte Türriegel in der Hand.

Der ewige Kreislauf
Weiß die duftenden Blütendolden, schwarz die sonnengereiften Beeren. Leben und Tod. Wenn an einer Pflanze gleichzeitig Blüten und Beeren zu sehen waren, zog in Oberschlesien die Trauer ins Haus. Es galt als untrügliches Zeichen, dass ein Familienmitglied sterben müsse. Die alten Friesen bestatteten ihre Toten unter Holunderbäumen. Mit einem Holunderstab nahm man Maß an den Dahingeschiedenen, um den Sarg zu zimmern. Der Fuhrmann des Leichenwagens benutzte anstatt der herkömmlichen Peitsche einen Holunderstecken. In Tirol gab es den Brauch, dem Sarg ein Kreuz aus Hollerzweigen voranzutragen und dieses auf dem Grab in die Erde zu stecken. Trieb es aus, so wusste man um des Toten Seligkeit.

Andererseits galt der Holunder als Baum des Lebens. Sinnbild der Lust, mit seiner üppigen Vielzahl an frühsommerlichen Blüten, um die Sonnwende herum, wenn die Fruchtbarkeit der Natur ihren Zenit erreicht hat.

Und wer kann den duftenden Hollerkücheln widerstehen, die zur Blütezeit in vielen Landgaststätten angeboten werden? Früher wurden die in Schmalz getauchten Blütendolden sogar oft am Baum selbst ausgebacken. Wer nach altem Glauben an Johanni davon isst, bekommt ein Jahr lang keine Krankheiten – was für ein ersprießliches Nebeneinander an Genuss und Nutzen!

Auf Johannistag blüht der Holler, da wird die Liebe noch toller!

Aus Thüringen

Was ist dran?
Holunder gilt als eine der ältesten Heilpflanzen Europas. In der Antike wurden Wurzeln, Blätter und Beeren vor allem gegen Wassersucht, Verschleimung und Gallenkrankheiten genutzt, im Mittelalter wurde sie geradezu zur Universalmedizin. Hildegard von Bingen empfahl einen Trank aus Holunder wegen seiner schweißtreibenden Wirkung, und bis heute schätzt man den nachgewiesenen Effekt der Blüten und Beeren bei Erkältungskrankheiten. Kein Wunder also, das sich über die Jahrtausende eine Menge unterschiedlicher Geschichten über diesen treuen Begleiter des Menschen erzählt wurden.

Sonntagskinder, die zwischen elf und zwölf Uhr geboren sind,
können an jedem Sonntag um diese Zeit in einem blühenden Holunder Geister sehen.

•

Unter Holunder ist ein Schatz begraben.

•

Am Heiligabend um Mitternacht trägt der
Holunder Blüten.

•

Ein Holunderast, an dem ein Bienenschwarm
zum ersten Mal geschwärmt hat, bringt Glück.

•

Bei Vollmond sind die Äste des Holunders mit weißem Mark gefüllt, bei Neumond sind sie leer.

•

Das erste Badewasser eines Kindes schütte man an einen Hollerbusch,
dann wird das Kind gut klettern lernen.

•

Wer wird der Liebste?
Am Thomastag, der Wintersonnwende am 21. Dezember, während des Ave-Maria-Läutens
einen Hollerstrauch schütteln. Aus der Richtung, aus der ein Hund bellt,
soll einem der Zukünftige erscheinen.

•

Gegen Kopfweh: frische Holunderblätter um den Kopf binden
und immer wechseln, wenn sie die Körpertemperatur angenommen
haben, aber nicht länger als eine Stunde lang.

•

Gegen Überbeine: Sonntagmorgen vor Sonnenaufgang an einen
Holunder gehen und mit einem Blatt das Überbein einreiben. Die
erscheinenden Bläschen mit einer Nadel aufstechen. Nach drei
Sonntagen in Folge verschwindet das Überbein.

•

Gegen Hämorrhoiden: ein Holunderblatt an die betroffene Stelle legen.

•

Gegen herannahendes Fieber: ein Haferstrohseil um den Hals binden,
zu einem Holunder laufen und dreimal sprechen: Holunder, Holunder, Holunder,
auf mich kriecht die Kälte, bis sie mich verlassen hat,
kriecht sie dann auf dich.

Irrwurz

Scheidewind flüstert im Laube,
Meidewind flüstert im Gras:
Irrkraut wächst auf der Stelle,
wo ich mein Herz vergaß.

Hermann Löns (1866 – 1914)

Ein Mann war auf dem Heimweg nach einem Besuch in der Kreisstadt Lauterbach auf eine Irrwurz getreten. Er erkannte nicht einmal mehr seinen Bruder, der ihm entgegenkam. Obwohl dieser ihm den richtigen Weg anzeigte, irrte er weiter in Wald und Feld herum. Schließlich musste er sich völlig erschöpft auf die Erde niedersetzen und streifte die Schuhe von den wund gelaufenen Füßen. Als er weiterwollte, verwechselte er beim Anziehen den linken mit dem rechten Schuh. Auf der Stelle war der Spuk vorüber und das gebeutelte Opfer konnte geradewegs nach Hause gehen.

Ein anderer Mann aus Grabs im schweizerischen Kanton St. Gallen wollte sich bei Anbruch der Nacht in die nahe gelegene Talebene begeben, um nach seinem Vieh zu sehen. Als er nach vielen Stunden unentwegten Wanderns immer noch nicht am Ziel angelangt war, musste er sich todmüde niederlegen, um ein wenig Rast zu halten. Vor Erschöpfung verlor er das Bewusstsein. Als er am nächsten Morgen wieder zu sich kam, fand er sich in einer ihm völlig fremden Gegend. In der Ferne erkannte er die Appenzeller Berge in der Morgensonne, doch dann sah er über sich einen festen Querbalken – er hatte unter dem Galgen von Vaduz gelegen. Ähnliches passierte vier Grabser Holzern, die mit ihren Holzschlitten auf der Schulter noch vor dem Morgengrauen den Berg hinanstiegen. Im Mondschein entdeckten sie einige Spuren im Schnee, unter denen sie den Weg vermuteten. Immer mehr Fußabdrücke schienen den immer breiter werdenden Pfad zu markieren. Stundenlang folgten sie der Fährte, bis sie sich ermattet auf ihre Schlitten setzen mussten. Bei Tagesanbruch erkannten sie, dass sie kaum eine Entfernung von ihrem Ausgangspunkt um einen großen Busch herumgelaufen waren und es ihre eigenen Fußstapfen gewesen waren, die den vermeintlichen Weg ausgetreten hatten. Manche Zungen im Dorf sprachen beide Missgeschicke einer alten Hexe, der Bachboden-Greta, zu. Andere vermuteten, die Wanderer seien auf ein Irrkraut getreten.

Stoß mir nicht an den Dorant, sonst kommst nicht mehr ins Vaterland!

Volksspruch

Gesehen hat es noch niemand, das geheimnisvolle Irrkraut. Auch Irrwurz genannt, denn oftmals wurde der Verwirrung stiftende Zauber unterirdisch über Kreuz liegenden Baumwurzeln zugeschrieben, vor allem, wenn sie die Form eines Andreaskreuzes bilden. Oder dem mächtigen Farn, der zauberkräftigen Silberdistel und dem geheimnisvollen Kraut Dorant, von dem im Kapitel über Dost schon die Rede war.

Allen Varianten gemein: Wer seinen Fuß auf die Stelle setzt, wo jener Pflanzenzauber wirksam ist, verliert unweigerlich die Orientierung. Selbst zu Pferd ist man nach Überlieferung nicht gefeit.

Einzige Abhilfe soll ein Wechsel der Schuhe schaffen, mancherorts genügt es auch, einfach den rechten und linken Schuh zu tauschen oder die Schürze andersherum zu binden. Laut einer Zillertaler Überlieferung braucht man sich heutzutage beim Waldspaziergang allerdings keine Sorgen mehr zu machen – ein dort ansässiger Ölhändler hat im Jahre 1803 auf Anordnung seines Pfarrers das letzte Exemplar der Irrwurz den Flammen anheimgegeben.

Gänger oder Reiter,
Weiber- oder Mannesfuß,
tritt er Irrekräuter,
augenblicks verirren muss.

Friedrich Rückert (1788–1866)

Artverwandte des Irrkrauts
***Das Irrlicht:** Wer den „brennenden Seelen“ folgt, gerät vom Weg ab.*
***Der Irrstein:** erkennbar an der dunklen Linie, die ihn durchzieht. Wer auf ihn tritt, verliert die Orientierung.*
***Die Springwurz:** Kein Eisen hält ihr stand. Sie lässt Pferde ihre Hufeisen verlieren, öffnet aber auch jedes Schloss. Allerdings ist sie nur mithilfe eines Spechts oder Wiedehopfs zu beschaffen.*

Johanniskraut

Hypericum perforatum

Familie: ***Johanniskraut- oder Hartheugewächse Hypericaceae***
Steht für: ***Teufelsabwehr, Liebesorakel, Gegenzauber bei verhexter Liebe, Schutz vor Blitz und Unwetter; Hexenkraut***
Wichtige Inhaltsstoffe: ***Hypericin, ätherisches Öl, Gerbstoffe, antioxidative Flavonoide***
Vorkommen: ***Wegränder, Wiesen, Böschungen, Waldränder, Brachflächen; häufig***
Heilpflanze: ***Blätter und Blüten zur Stärkung der Psyche, Anregung von Kreislauf und Verdauung. Äußerlich bei Verstauchungen und Blutergüssen. Bei längerer Einnahme kann es zu erhöhter Lichtempfindlichkeit kommen.***

Als Salome tanzte, konnte Herodes Antipas, der verschwenderische Gastgeber und Stiefvater, seine Augen nicht von ihr wenden und versprach ihr für jenen Tanz alles, was sie nur begehrte, und wenn es sein halbes Reich wäre. Doch Salome, angestiftet von ihrer rachsüchtigen Mutter Herodias, wünschte nur eines: den Kopf des unbeugsamen Täufers Johannes. Sie bekam ihren Willen, obwohl Herodes einen Volksaufstand befürchten musste. Das Haupt des Heiligen wurde auf einer Schüssel hereingetragen und das frische Blut troff auf die Erde hinab. Doch dann geschah etwas Wunderbares: Aus jenen Blutstropfen spross nun ein seltsames Kraut, das eine Flüssigkeit in leuchtend roter Farbe abgab, wenn man die Blütenblätter zwischen den Fingern zerrieb.
So weit eine alte Legende über die Entstehung des Johanniskrauts.

Nach anderen Überlieferungen gilt der rote Saft der Pflanze auch als das Blut Christi, das vom Kreuz auf die Pflanze floss. Oder als die blutigen Tränen Mariens.

An Johanni, am 24. Juni, blüht jedenfalls das Kraut goldgelb glänzend in schönster Pracht. Aufs Engste verbunden mit dem magischen Datum der Sommersonnwende, hatte es den Ruf, in allerlei Liebesdingen Hilfe zu leisten. Etwa als untrügliches Orakel. In ganz Mitteleuropa pressten die Mädchen in der Johannisnacht die leuchtenden Blüten in ein Tuch. Wer nun wissen wollte, was das nächste Jahr in Liebesdingen bereithielt, sprach folgenden oder einen ähnlichen Vers:

Ist die Liebe gut,
kommt rotes Blut;
ist die Liebe alle,
kommt nur Wasser.

Auch bei unfreiwillig angehexter Liebe stand Johanniskraut in dem Ruf, zuverlässig Abhilfe zu schaffen. Dies wusste einer Sage nach auch eine besorgte Mutter aus Halberstadt, deren Sohn von einer aufdringlichen jungen Verehrerin verzaubert worden und ihr restlos verfallen war. Die findige Mutter legte ihm nun Johanniskraut in seine Schuhe, womit der Schreinergeselle nun rasch nach Wernigerode lief. Erhitzt kam er dort an und bestellte sich zur Abkühlung eine Kanne Weißbier. Wie er auf die Idee kam, das Bier in seinen rechten Schuh zu schütten und daraus zu trinken, ist nicht überliefert. Der Zauber jedenfalls hatte die erwünschte Wirkung – der junge Mann konnte von da an das Mädchen nicht mehr leiden, er fand es sogar derart abstoßend, dass er nicht einmal mehr dessen Namen hören mochte.

Überhaupt ist das Johanniskraut – oder Hartheu, vielleicht wegen seiner holzigen Stängel – eines der mächtigsten Kräuter zur Teufels- und Dämonenabwehr. Man gab es dem Vieh gegen Hexenzauber, legte es gebärenden Frauen ins Bett, badete Babys in seinem Sud und hängte es gegen Unwetter über die Haustür, denn „Hartenau und Dill macht's Gewitter still".

Dost, Harthaw und Wegscheydt

Aus Rache, weil er nichts gegen die Pflanze ausrichten konnte, soll der ergrimmte Antichrist höchstpersönlich die kleinen Blätter mit Nadeln durchstochen haben, sodass sie seither wie durchlöchert aussehen – daher auch der botanische Name „perforatum". Einer saarländischen Überlieferung nach war der genaue Anlass für des Teufels Wut ein junges Mädchen, das seinen Verführungskünsten schon beinahe nachgegeben, sich aber glücklicherweise in letzter Sekunde noch auf eine rettende Johanniskrautstaude gesetzt hatte.
Der ohnmächtige Satan schrie wütend:
„Hartheu, du verfluchtes Kraut, hast geraubt mir meine Braut!"

Sowohl „Blut" als auch „Nadelstiche" gaben in der Volksmedizin allerlei Anlass, entsprechend der Signaturenlehre in Verbindung stehende Krankheiten zu heilen. So galt Johanniskraut als wundheilend, vor allem bei Stichverletzungen, blutstillend und blutbildend. Bereits im ältesten erhaltenen Werk der Klosterheilkunde, dem Lorscher Arzneibuch aus dem 8. Jahrhundert, ist jedoch von der Indikation die Rede, die auch heute noch als wichtigstes Wirkungsfeld der Pflanze gilt: Das Johanniskraut wird gegen die Melancholie empfohlen. Zu einer Zeit, als psychische Krankheiten im Allgemeinen noch als Teufelsbesessenheit abgetan wurden, anno 1525, schreibt der weitsichtige Arzt und Philosoph Paracelsus:

Dises kraut, wie es an ihm selbst ist, sol für und für getragen werden unter dem baretly [Kopfbedeckung], in kranzweis oder sonst in hemden, oft daran schmecken, zu nacht unter das küssi tun. Das sol ietlicher arzt wissen, das got ein groß arcanum [Geheimnis] in das kraut gelegt hat, alein von wegen der geister und dollen fantaseien, die den menschen in verzweiflung bringen – und nicht durch den teufel, sondern von natur.

Was ist dran?

Johanniskraut gehört auch heute noch zu den ganz großen Arzneipflanzen und ist in vielen Bereichen wissenschaftlich anerkannt. Der rote Saft wird als Naturfärbemittel verwendet. Das mit magischer Bedeutung aufgeladene Sonnwendfest am 21. Juni hatte vor allem in den germanischen, nordischen, baltischen, slawischen und keltischen Religionen einen festen Platz. Seit der Christianisierung Europas wurden diese Feiern oft mit dem 24. Juni, dem Tag Johannes des Täufers, verbunden, und einige der Sonnwendbräuche, die sich bis heute erhalten haben, wie die Johannisfeuer, sind nach ihm benannt.

thun dem teuffel vil leidt.

St. Johanni, 24. Juni

In dieser geheimnisvollen Nacht können Pferde sprechen, aus den Bergen ertönt Musik, man kann Geisterzüge, Nixen und Elfen sehen, und die Hexen brauen ihre Zaubertränke. Das Echte Johanniskraut darf dabei nicht fehlen. Den an Johanni in Blüte stehenden Kräutern sagt man ganz allgemein eine besondere zauberische Kraft nach.
Zu einem typischen „Sonnwend- oder Johannibuschen“ können gehören:

- **Pfingstrose**
- **Frauenmantel**
- **Eisenkraut**
- **Arnika**
- **Bärlapp**
- **Beifuß**
- **Margerite**
- **Holunder**
- **Kamille**
- **Klette**
- **Ringelblume**
- **Zittergras**
- **Skabiose**
- **Eichenlaub**
- **Feuerlilie**
- **Johanniskraut**
- **Maßlieb**
- **Sauerampfer**
- **Wetterdistel**
- **Quendel**
- **Butterblume**
- **Vergissmeinnicht**
- **Thymian**
- **Haselzweige**
- **Dotterblume**
- **Roter Klee**
- **Hafer**
- **Wiesennelken**
- **Glockenblumen**

Fleischklee
Feldknoppern
Himmelsbrot
Honigklee
Hummellust
Sügerli
Wiesenklee
Zuckerblümli
Zuckerbrot

Klee

Trifolium pratense bzw. repens

Familie: *Schmetterlingsblütler Fabaceae*
Steht für: *Glück, Hellsichtigkeit*
Wichtige Inhaltsstoffe: *Gerbstoffe, Isoflavone*
Vorkommen: *Wegränder, Wiesen; sehr häufig*
Heilpflanze: *Blätter und Blüten zur Anregung der Verdauung, Umschläge gegen Rheuma und Gicht*
Küche: *Blüten und Blätter in Salaten und zur Garnierung*

Welcher ein Kleeblatt mit vier Blettern findet, der sol das in wirden halten, sol sein Leben lang glückselig und reich sein.
Der alten Weiber Philosophy, 1571

Es war im Jahre 1866 bei der Schlacht von Königgrätz, als ein junger Soldat mitten im Kugelhagel plötzlich vor sich in der Wiese ein vierblättriges Kleeblatt entdeckte. Er bückte sich, um es aufzuheben und seinen Lieben daheim zu schicken, als genau in diesem Moment ein Geschoss über ihn hinwegpfiff und den direkt hinter ihm stehenden Kameraden tötete. Das Kleeblättchen hatte seinem Finder das Leben gerettet.

Klee ist bis heute das Glückssymbol schlechthin. Meist allerdings leider nur, wenn er vier Blätter hat, und das ist in der Natur äußerst selten. Beim gewöhnlichen dreiblättrigen Klee kann man sich an die Kelten halten, in Irland zum Beispiel ist er Nationalheiligtum. Der Landespatron St. Patrick (385–461) soll der überraschten heidnischen Bevölkerung anhand eines Weißklees die Trinität veranschaulicht haben: drei Blätter an einem Stiel.

Dennoch – die große Wirkung wird eben nur der seltenen Ausnahme zugeschrieben. Dafür kann der Finder eines vierblättrigen Exemplars sich wahrlich zufrieden schätzen, denn Glück in allen Belangen scheint gesichert. Weil aber so schöne Dinge wie üblich nicht umsonst zu haben sind, muss man oftmals, je nach zeitlicher und regionaler Überlieferung, noch einiges dafür tun.

Denn der vierblättrige Klee muss:
- **ungesucht gefunden werden oder**
- **zwischen Wagengleisen gefunden werden oder**
- **geschenkt worden sein oder**
- **beim Pflücken unberührt von der bloßen Hand bleiben oder**
- **mit den Zähnen abgerissen werden oder**
- **an Johanni oder während des Ave-Maria-Läutens gepflückt werden.**

Will einer Glück im Spiel haben, muss nach altem Glauben der Ministrant dem Pfarrer ohne dessen Wissen einen Klee ins Messbuch legen. Als Nebenwirkung sei der Pfarrer daraufhin desorientiert und bedürfe energischen Zupfens am Ärmel, um sich wieder zu fangen. Nach der Messe solle man das Kleeblatt unbemerkt wieder aus dem Messbuch entfernen und fortan bei sich tragen, und man werde jedes Spiel gewinnen.

Eine angeblich ebenso wirksame Methode aus dem 16. Jahrhundert zum selben Zweck rät, man möge einen vierblättrigen Klee zusammen mit Hummelwachs in einen Beutel aus Maulwurfshaut stecken.

Der last Mess lesen überm Klee, der hat vier bletter und nit me.

Leonhard Thurneysser (1531 – um 1595)

Einem Reisenden nähe man den Klee unbemerkt in sein Gewand ein, und die Reise wird erfolgreich sein und mit glücklicher Heimkehr enden. Auch in die Schuhe gelegt, leiste er gute Dienste. Platziert man ihn dort übrigens am Sonntag vor Sonnenaufgang, wird man in der Kirche alle Hexen erkennen, sie sitzen mit dem Rücken zum Altar.

Klee soll hellsichtig machen, und man sei durch ihn imstande, Lügen zu durchschauen. Das kann allerdings auch schiefgehen, wie das Grimm'sche Märchen vom Zauberer und dem Hahnebalken zeigt:
Ein Zauberer zeigte vor einer Menge von Schaulustigen einen Hahn, der einen schweren Balken im Schnabel trug. Zufällig kam eine Magd des Wegs, die einen Korb voll gemähtem Klee dabeihatte; ohne ihr Wissen befand sich auch ein vierblättriges Kleeblatt darunter. Daher durchschaute die Magd den faulen Zauber: Der Hahn trug keinen Balken, sondern einen Strohhalm! Als sie die Leute aufklärte, stellte sie den Korb mit dem Klee zur Seite. Das hätte sie nicht tun sollen! Um sich an dem Mädchen zu rächen, gaukelte ihr der Zauberer nun vor, dass sie in tiefen Wassern wate. Sie hob die Röcke immer höher und höher – sehr zur Freude der Umstehenden.

Liebesglück

Für nicht wählerische Heiratswillige: Man befestige ein Viererblatt über der Tür. Der Erste, der eintritt, wird der Ehemann.

Der wohl direkteste Weg zum Liebesglück geht so: vierblättrigen Klee schlucken und an den Ersehnten denken, dann bekommt man ihn.
Schwieriger wird es nach einer oberfränkischen Quelle, wenn einer mithilfe von Klee eine Geliebte erringen möchte, die ihrerseits kein Interesse hat. Er muss heimlich an Ostern das Viererblatt in ihre Tasche gleiten lassen, dann wird sie ihm eher zugetan sein.
Für unglücklich verliebte Frauen gibt es folgendes Rezept: dem Angebeteten unbemerkt ein vierblättriges Kleeblatt in den Schuh stecken. Er wird nun gezwungen sein, der Frau vier Tage lang zu folgen. In dieser Zeit muss sie allerdings ihre Chance nach allen Kräften nutzen, das Objekt der Begierde an sich zu binden, ansonsten wird der Zauber wirkungslos!

Was ist dran?
Die Seltenheit macht's. Bei den um die Silvesterzeit im Handel angebotenen vierblättrigen Kleesorten handelt es sich um eine Zuchtform des Sauerklees, der mit dem Wiesenklee nicht verwandt ist. Vor allem junger Klee enthält viel Eiweiß und ist eine gesunde Ergänzung zu Salaten.

Badkraut
Gebärmutterkraut
Gichtkraut
Lusch
Luststöckel
Maggikraut
Leibstöckle
Liebesröhre
Nervenkräutel
Rübestöckel
Saukraut
Schluckwehrohr
Wasserkräutel

Liebstöckel

Levisticum officinale

Familie: *Doldenblütler Apiaceae*
Steht für: *Liebeszauber*
Wichtige Inhaltsstoffe: *Ätherisches Öl, Bitterstoff*
Vorkommen: *Gewürzgartenpflanze, gelegentlich verwildert*
Heilpflanze: *Tee aus der Wurzel gegen Rheuma, Nierenleiden und Menstruationsbeschwerden, Migräne. Bäder zur Nervenstärkung*
Küche: *Blätter in Salaten und Fleischspeisen*

Wenn dir durch Zauberei deines Viehes Milch entzogen wird, so nimm Liebstöckel und brühe es und gibs den Kühen unterm Graß zu essen oder backe es mit Brodt und gib ihnen alle Morgen eine Schnitte zu essen.

Handbuch für Tierheilkunde, 1682

Liebstöckel, kräftiges Kraut,
dich zu nennen im duftenden Dickicht
heißt mich die Liebe,
mit der ich im Gärtchen alles umfasse.

Walahfrid Strabo (um 808–849)

Nein, Liebstöckel ist trotz seines populären Zweitnamens „Maggikraut" nicht Bestandteil der 1886 von Julius Maggi erfundenen Suppenwürze! Wobei sich Ähnlichkeit in Geruch und Geschmack nicht leugnen lassen. Teufel und Dämonen jedenfalls scheuen nach alter Überlieferung den herben Duft wie das Weihwasser. Laut einem Handbuch für Tierheilkunde aus dem Jahre 1682 kann etwa ein Sud aus Liebstöckel, unter das Futter gemischt, bei verhexten Kühen angeblich Wunder wirken.

Die bis zu zwei Meter hohe Staude ist für vieles gut, vom magischen Kraut über die Heilkunde bis zum Küchengewürz. Oft mischten sich auch die Anwendungsgebiete. Ganz besonders zauberstark soll die Pflanze sein, wenn sie aus dem geweihten Kräuterstrauß an Mariä Himmelfahrt entstammt.
An diesem Tag aufs Kreuz gebunden, bewahrt sie nach altem Glauben das ganze Jahr vor Rückenschmerzen. Auch gegen den Biss von Schlangen und anderem Giftgetier sollte die vielseitige Pflanze helfen.

Magie der Liebe

Zauberisch gesehen jedoch am augenfälligsten – wie der deutsche Name schon sagt – ist nach Überlieferung die Kraft des Krautes in Liebesdingen. Ans Mieder geheftet oder in der Hosentasche, die Blüte oder die Wurzel – Liebstöckel soll absolut unwiderstehlich machen! Vorsorgende Mütter aus Böhmen gaben die Blätter schon ihren kleinen Töchtern ins Bad, damit sie später anziehend auf Männer wirkten.

Was ist dran?

Die weise Hildegard von Bingen empfahl das krampflösende Kraut gegen Halsweh, andere Quellen hoben die Heilkraft gegen Magenbeschwerden und Blasensteine hervor, und noch heute wird es bei Katarrhen der Atemwege verwendet sowie gegen Verdauungsbeschwerden und Entzündungen der Harnwege. Allerdings nur die Wurzel, die Blätter dienen lediglich zur Aromatisierung. Dass der Name des Krautes etwas mit Liebe zu tun hat, ist ein Produkt der Volksetymologie. Eigentlich stammt er, wie auch in anderen europäischen Sprachen, vom lateinischen Wort „ligusticum“ ab, da Liebstöckel in der westitalienischen Region Ligurien besonders häufig auftrat.

Livéche (französisch)
Lovage (englisch)
Lipstikka (finnisch)
Lestyán (ungarisch)
λεβιστικο (griechisch)
ЛЮБИСОК (ukrainisch)
libeček (tschechisch)
løbstikke (norwegisch)

Hexenzauber,

um jedes Schloss aufspringen zu lassen:

Man bestreiche das gewünschte Schloss mit einem Pulver aus grüner Eidechse und Liebstöckel.

Die wurtzel oder samen gestossen
und auff die wunden der schlangen
der nattern
spinnen,
skorpion und der wütenden hund gelegt,
benimpt den schmertzen
und zeucht auß das gift.

Hieronymus Bock (1498 – 1554)

Ich sah Balder,
dem blutenden Gott,
Odins Sohne,
Unheil bestimmt:
Ob der Ebene
stand aufgewachsen
der Zweig der Mistel
zart und schön.

Ihm ward der Zweig,
der zart erschien,
zum herben Harmpfeil:
Ödur schoss ihn;
und Frigg weinte
in den Fensälen
um Walhalls Weh –
wisst ihr noch mehr?

Edda, „Der Seherin Gesicht"

Mistel

Viscum album

Familie: ***Sandelholzgewächse Santalaceae***
Steht für: ***Glück, Geisterabwehr, Fruchtbarkeit***
Wichtige Inhaltsstoffe: ***Alkaloid, Viscotoxin, Harz, Flavonoide, Polysaccharide***
Vorkommen: ***Halbschmarotzer; verschiedene Arten in Laub- und Nadelbäumen; häufig***
Heilpflanze: ***Kraut gegen Nervosität und Epilepsie, Herzschwäche***
Giftige Stoffe in allen Pflanzenteilen! Selbstbehandlung mit dem Arzt absprechen!

Misteln wachsen …

… häufig auf:
- **Apfel**
- **Pappel**
- **Linde**
- **Weide**
- **Vogelbeere**
- **Birke**
- **Pflaume**

… selten auf:
- **Eiche (dann nach keltischer Überlieferung besonders wirksam!)**
- **Esche**
- **Hainbuche**
- **Birne**
- **Kirsche**

… nicht auf:
- **Rotbuche**
- **Walnuss**
- **Ulme**
- **Holunder**

Die Druiden – so nennen sie [die Gallier] ihre Magier – halten nichts für heiliger als die Mistel und den Baum, auf dem sie wächst, besonders, wenn es eine Wintereiche ist. (…) Man findet aber diese Mistel sehr selten; und hat man sie gefunden, so wird sie mit großer Ehrfurcht abgenommen, vor allem am sechsten Tag des Mondes (…). Sie nennen die Mistel die alles Heilende. (…) Der Druide, bekleidet mit einem weißen Gewand, besteigt den Baum und schneidet die Mistel mit einer goldenen Sichel ab: Sie wird mit einem weißen Tuch aufgefangen.
Plinius der Ältere (um 23–79), *Naturkunde*

Der Druide in weißem Gewand mit goldener Sichel? Genau, Miraculix, der berühmteste Druide der Welt, braucht Misteln als unerlässliche Zutat für seinen übermenschliche Kräfte verleihenden Zaubertrank! Plinius berichtet des Weiteren von dem Glauben der Gallier, die Mistel sei direkt vom Himmel auf die Bäume gefallen.

Mehr als eigentümlich ist in der Tat die Lebensweise der kugelbuschigen Pflanze. Die klebrigen Beerensamen bilden am Geäst des Wirtes eine Wurzel aus, die dessen Leitungsbahnen „anzapft“. Botanisch gesehen ist die Pflanze also ein Schmarotzer. Dennoch gibt es kaum ein Gewächs, das seit uralter Zeit derart als Zauberpflanze verehrt wird. Die griechische Mythologie erzählt vom magischen Zweig, mit dessen Hilfe Persephone, die Königin des Totenreichs, und Hermes, der Götterbote, der die Seelen in den Hades begleitet, die Tore zur ewigen Schwärze der Unterwelt öffnen. In der isländischen *Edda* bringt die sagenhafte Pflanze den Tod, hier wird der viel geliebte Göttersohn Balder ausgerechnet von einem weichen Pfeil aus Mistelholz getötet.

In späteren Jahrhunderten wird die Mistel zur Schutzpflanze vor Krankheit und bösen Geistern. Gegen die unheimlichen Druden etwa, jene verhexten Weiber der Wilden Jagd, die in der Nacht durchs Schlüsselloch oder die Türritze eindringen und sich heimlich auf die schlafenden Menschen setzen, bis sie ihnen den Atem nehmen. Unter das Dach gesteckt, half sie ganz allgemein gegen Unglück. Mancherorts musste das Ästlein allerdings dafür gestohlen, mit einem Pfeil abgeschossen, mit Steinen heruntergeworfen und mit der linken Hand oder dem Mantel aufgefangen sein. Wenn bei Unwetter die Hexen in schwankenden Wipfeln saßen, zog man einen Mistelkranz um den jeweils beargwöhnten Baum, „sperrte" damit die bösen Zauberinnen, und deren „Wettern" hatte ein Ende. Mancherorts glaubte man, eine Mistel wachse dort, wo eine Mahr, auch Nachtalb genannt, gerastet hat. Oder wo ein Schatz vergraben liegt, so tief unter der Erde, wie sich die Pflanze oben im Baum befindet. Unter Misteln tragenden Haselsträuchern sollen wahlweise weiße Nattern, der Haselwurm oder Alraunen gelebt haben. Noch in Zeiten der Industrialisierung glaubte man in Frankreich, dass ein Zug, in dem sich ein Mistelzweig befindet, nicht entgleisen könne.

Es soll den selben kindern kein zauberei oder gespenst schaden.

Hieronymus Bock, *Kreuterbuch*, 1551

Der beliebte englische Brauch, sich an Weihnachten unter einem Mistelzweig zu küssen, entstammt vermutlich noch den Ritualen des Wintersonnfestes.

No misteltoe, no luck.

Walisisches Sprichwort

Das immergrüne Gewächs ist als Symbol der Wintersonnwende und des Jahreswechsels viel älter als etwa der weihnachtliche Tannenzweig, der erst im 16. Jahrhundert seinen Siegeszug begann.
Mit so viel winterlich heidnischem Grünzeug wurde es der elsässischen Kirche offenbar damals zu bunt, denn seit genau jener Zeit bestand mancherorts das strikte Verbot, an Weihnachten „dannwedel und mistelzweig" über die Tür zu heften.

Was ist dran?

Küssen kann man sich bekanntermaßen auch ohne Mistel über der Tür. Vor allem vor Weihnachten beginnt die Jagd nach der mystischen Pflanze. Europaweit ist der Bestand erheblich geschrumpft und in Deutschland steht die Mistel deshalb in manchen Bundesländern unter Naturschutz. Kein Wunder, denn ein Zweig von 50 Zentimetern Länge bringt immerhin ein Alter um die 30 Jahre mit.
Als Heilpflanze hat die Mistel eine uralte Tradition. Prähistorische Siedlungsfunde weisen das Gewächs in Europa bis ins 5. Jahrhundert v. Chr. nach. Und bereits der griechische Arzt Hippokrates (460–377 v. Chr.) empfahl den Halbschmarotzer – obwohl die Pflanze parasitär lebt, betreibt sie eigene Fotosynthese – gegen Epilepsie. Heute wird die Mistel zur Blutdruckregulierung verwendet, ihre Wirksamkeit ist wissenschaftlich nachgewiesen.

C V M

Nessel

Urtica dioica

Familie: *Brennnesselgewächse Urticaceae*
Steht für: *Dämonenbekämpfung, Liebeszauber, Gewitterschutz*
Wichtige Inhaltsstoffe: *Nesselgiftstoff, Histamin, Acetylcholin, Serotonin, Ameisensäure*
Vorkommen: *An Brachflächen, Zäunen, Gebüsch, Ufern, Gräben; sehr häufig*
Heilpflanze: *Tee gegen Nierenleiden und Rheumabeschwerden, gegen Gallen- und Leberbeschwerden*
Küche: *In Suppen, Saucen und als Gemüse*

Wenn ihr an Nesseln streifet,
so brennen sie;
doch wenn ihr fest sie greifet,
sie brennen nie.
So zwingt ihr Feinen
auch die gemeinen
Naturen nie.
Doch presst ihr wacker
wie Nussaufknacker,
so zwingt ihr sie.

Friedrich Rückert (1788–1866)

Einst geschah es, dass es ein missgünstiger Vormund seinem jungen Mündel verweigerte, ihren Liebsten zu heiraten. Der gestrenge Mann zeigte abschätzig auf eine große Nessel am Wegrand und sagte dem Mädchen, es dürfe den Ersehnten erst heiraten, wenn es aus jenem brennenden Unkraut ihr Brautkleid gesponnen und gewebt hätte. Damit glaubte er das Problem ein für alle Mal aus der Welt geschafft. Doch dann geschah etwas gänzlich Unerwartetes: Eines Nachts erschienen dem verzweifelten Mädchen zwei Engel. Sie zeigten ihm, wie man das „Unkraut" zur Fasergewinnung nutzen könne und dass die Nessel ausnehmend fein zu spinnen, zu bleichen und zu weben sei. So entstand das schönste und feinste Brautkleid, das man sich vorstellen konnte. Am gleichen Tag, als das wundersame Gewand fertig wurde, starb der böse Vormund. So erzählt eine alte Sage. Noch bis Anfang des 18. Jahrhunderts blieb die Nessel ein wichtiger Rohstoff zur Gewinnung von Kleiderfasern.

Dass die Brennnessel im Volksglauben der Sitz eines wütend beißenden Dämons war, verwundert kaum. Oder eines Totengeistes. „Er ist i d´ Nesseln cho", hieß es im Aargau in der Schweiz, wenn einer gestorben war. Auffallende und sehr hartnäckige Nesselstauden wachsen nach Überlieferung auch gerne an Stellen, wo ein ungesühnter Mord begangen wurde, und sie verschwinden dort folgerichtig auch erst, wenn der Verbrecher seiner gerechten Strafe zugeführt wurde.

Auf dem Hirschberg bei Balingen wächst ein sogenannter Brennnesselmann, mit ausgestreckten Armen und Beinen, den man schon mehrmals ausrotten wollte, der aber immer wieder wächst, und man weiß auch nicht, was da einst geschehen sein mag.

Anton von Perger (1809–1876)

Donnernessel
Dudelkolbe
Estekraut
Feuerkraut
Gaunessel
Genznessel
Gichtrute
Haarnessel
Hanfnessel
Krauskopf
Nettel
Rotes Feuer
Scharfnessel
Tausendnessel
Teufelskraut
Tissel
Tittenkölbl
Zingel

Andersherum lässt sich natürlich das Böse mit einem brennenden, schrecklichen Juckreiz verursachenden Nesselstiel ganz wunderbar wirksam bekämpfen. Ebenso wie andere stachelige und dornige Pflanzen galt die Brennnessel als antidämonisch. Nach altem isländischen Aberglauben etwa lässt der Hexenmeister von seinem Treiben ab, wenn man ihn mit Brennnesseln peitscht. Und wenn die Milch verzaubert war oder die Butter sich nicht rühren ließ, geißelte man mancherorts das Butterfass mit einer Nesselrute. War dann die Butter schließlich gewonnen, goss man die Buttermilch in ein Loch, schlug einen Pfahl darauf und vergrub die gebrauchte Rute daneben. Ebenso wie gegen saure Milch sollen Brennnesseln gegen saures Bier helfen. Allerdings nur, wenn man die Pflanze bei herannahendem Gewitter auf den Bottichrand legt.

Die Nessel gilt als Pflanze mit feinem Gespür für die Kräfte der Erde. So soll sie sich – das ist auch heute noch zu lesen – bevorzugt an Kreuzungen von Erdstrahlungen ansiedeln, an Orten also, wo die Wünschelruten ausschlagen. Kein Wunder, dass man der Nesselstaude seit jeher nachsagte, sie habe die Kraft, einen Blitzschlag abzuwehren.

Nach Überlieferung der Roma aus Siebenbürgen befinden sich dort, wo die Nesseln wachsen, die Eingänge zu den Behausungen der Erdgeister. Die sogenannten kleinen Pcuvush-Leute sollen am ganzen Körper ein dichtes Haarkleid tragen. Wenn es einem Menschen nur gelingt, an ein solches Pcuvush-Haar heranzukommen, wird jeder Stein, den er damit berührt, in pures Gold verwandelt.

Brennende Liebe

Schon in der Antike war man von der aphrodisischen Wirkung überzeugt – der Nesselsamen etwa sollte zum Beischlaf anregen.

Männer, die sich eine geliebte Frau gefügig machen wollen, sollen nach Überlieferung am Freitagmorgen vor Sonnenaufgang zu einer Nesselstaude gehen, den Namen der Ersehnten aussprechen und die Pflanze mit Salz bestreuen. Bei Sonnenuntergang ist die Nessel schließlich mit Wurzel auszugraben und im Ofen zu verbrennen. Und verliebte Frauen können sich gegebenenfalls auf ein anderes altes Rezept stützen:

Man koche die Nesselsamen in Wasser und spreche dabei:
Wie Jesus jeden Menschen liebt,
auch selber den, der ihn betrübt,
so sollst du auch in Liebe mein
so brennend als die Nesseln sein.

Mit diesem Sud begießt man nun die Türschwelle des Liebsten, der sich alsbald unsterblich in einen verlieben soll.

Ihre Brennkraft ist unmäßig groß, und deshalb trägt sie den Namen zu Recht. (…) Mit Wein genossen, erregt der Nesselsamen die Liebeskraft, noch mehr sogar, wenn du die Pflanze zerreibst, mit Honig und Peffer verquickst und dann mit Wein auf die vorgenannte Weise trinkst.

Odo von Meung, *Macer floridus*, 11. Jh.

Was ist dran?
Die feinen beißenden Haare der Brennnessel dienen dem Schutz der Pflanze. Die winzigen Röhren, deren Wände an der Spitze durch eingelagerte Kieselsäure spröde sind, brechen bei der kleinsten Berührung und hinterlassen, gleich einem abgebrochenen Flaschenhals, eine schräge, scharfe Bruchstelle. In den Härchen befindet sich eine ameisensäureartige Flüssigkeit, die bei Kontakt in die Haut injiziert wird und das unangenehme Brennen verursacht. Übrigens: Völlig gefahrlos lassen sich Brennnesseln anfassen, wenn man sie von unten nach oben überstreicht.

Als reinigend und entgiftend wird die Brennnessel bis heute hochgeschätzt. Wissenschaftlich anerkannt ist die innerliche Anwendung bei Harnwegsinfekten und rheumatischen Beschwerden. Die Blätter sind ein beliebter Bestandteil von Kräuterteemischungen. Und weil Gesundes auch lecker sein kann, eine Bereicherung für experimentierfreudige Köche. Schon der Römer Plinius empfahl die gedünsteten Jungpflanzen als wohlschmeckendes Gemüse.

Urgroßmutters Schönheitsmittel

Für eine feine Haut:
Nesselsamen in destilliertem Wasser auskochen, das Wasser abkühlen lassen und abseihen. Das Gesichtswasser soll die Haut schimmern lassen wie Alabaster und Samt.

Gegen Haarausfall:
Nach der Signaturenlehre, wonach Pflanzen bei im Aussehen ähnlichen Beschwerden hilfreich sein sollten, wurde das ausgekochte Kraut mit den feinen Brennhärchen auch gerne als Haarwuchsmittel verwendet.

Odermennig

Agrimonia eupatoria

Brustwurz
Heilallerwelt
Kirchturm
Klettenkraut
Königskraut
Lebenskraut
Leberklee
Magenkraut
Milzblüh
Steinkraut

Familie: ***Rosengewächse Rosaceae***
Steht für: ***Mittel gegen Liebesglut und zur Reinigung von bösen Säften***
Wichtige Inhaltsstoffe: ***Gerb- und Bitterstoffe, ätherisches Öl, Flavonoide, Kieselsäure***
Vorkommen: ***Auf sonnigen Magerwiesen, an Waldrändern; häufig***
Heilpflanze: ***Tee gegen Durchfall, äußerlich gegen Schleimhautentzündungen und bei leichten Hautentzündungen***

Leicht erkennt man hier auch, in Reihen zierlich geordnet, Odermennig, der zahlreich die Fluren ringsum bekleidet und im kargen Schatten der Wälder gedeiht und sich findet. Mannigfach ehrt ihn der Ruf seiner heilsamen Kräfte, besonders zähmt er, zerrieben getrunken, die scheußlichen Schmerzen des Magens. Hat ein feindliches Messer uns einmal am Körper verwundet, rät man uns wohl, zu seiner Hilfe Zuflucht zu nehmen.

Walahfrid Strabo (um 808 – 849)

Er kommt eher unscheinbar daher, der Odermennig. Dabei ist er mit der Königin der Blumen verwandt, er gehört zu den Rosengewächsen. Und mit seiner stolzen Ahnin verbindet ihn der wunderbar feine Duft seiner gelben, in reicher Traube angeordneten Blüten. Er ist an sonnigen Hängen, Weg- und Waldrändern zu Hause, seine Früchte sind mit einem feinen Hakenkelch verbunden, sodass man sie manchmal als unfreiwilliges Souvenir nach einem Waldspaziergang an der Kleidung hängen hat.

Im Volksglauben, wohl wegen seiner gelben Blüten, galt er als probates Mittel gegen Leberleiden und Gelbsucht. In der Tat ist der Odermennig eine Arzneipflanze mit uralter Tradition. Schon im 1. Jahrhundert empfahl der griechische Arzt Dioskurides die Pflanze, um den Organismus von allen bösen Säften zu reinigen. Hildegard von Bingen führte ihrer Zeit gemäß geistige Erkrankungen auf ein Ungleichgewicht der Körperflüssigkeiten zurück und riet bei der Behandlung Wahnsinniger zu Waschungen und Kompressen mit Odermennig.

Eine Kuriosität war der Glaube, Odermennig sei ein wirksames Mittel gegen übermäßige Liebesglut. Ein Rezept aus dem 16. Jahrhundert, um die „Geilheit" bei Pferden zu besänftigen, lautet folgendermaßen:
„Wan ein pfert zu geil und zu wild ist, so bind ihm agrimonia an sein hals und los es dragen, etwan lang es wirt zam und züchtig."
Und Hildegard von Bingen liefert ein wahrlich robustes Rezept für das Kraut gegen „Aussatz", damit Geschlechtskrankheiten meinend:
„Wenn ein Mensch von Begierde und Unenthaltsamkeit aussätzig wird, dann koche er in einem Kochtopf Odermennig und entsprechend dessen drittem Teil Ysop sowie Gundelrebe, zweimal so viel wie die vorigen Dinge zwei. Daraus bereite er ein Bad und mische Menstruationsblut unter, so viel er bekommen kann, und setze sich dann in das Bad."

In einer medizinischen Anweisung aus dem 9. Jahrhundert kann man über die Wirkung des Odermennigs gegen Bauchweh nachlesen. Allerdings mit der Einschränkung, dass er an einem Donnerstag bei abnehmendem Mond gesammelt werden müsse.

Was ist dran?

Gegen Magenschmerzen und Gallenleiden wird Odermennig heute noch verwendet. Wissenschaftlich anerkannt ist die innerliche Anwendung bei Durchfallerkrankungen. Ebenso, und auch diese Anwendung ist seit Jahrhunderten bekannt, hat sich die Pflanze lindernd gegen Schleimhautentzündungen, vor allem im Mund- und Rachenraum, und bei leichten Hautreizungen bewährt.

Petersilie

Petroselinum crispum

Bittersilche
Exilanter
Grönte
Kräutel
Peterchen
Peterling
Silk
Stehsalat
Suppenwurz

Familie: *Doldengewächse Apiaceae*
Steht für: *Geisterabwehr; Aphrodisiakum, Teufelskraut*
Wichtige Inhaltsstoffe: *Ätherische Öle, Apiol, Vitamin C, Calcium, Eisen*
Vorkommen: *Gartenkraut*
Heilkraut: *Wirkt blutreinigend und harntreibend; außerlich entzündungshemmend*
Küche: *Deutschlands beliebtestes Gewürzkraut*

In alten Zeiten hieß es, die sündenbehaftete Petersilie müsse sich zunächst des Papstes Erlaubnis in Rom einholen, bevor sie wachsen dürfe. Sieben Wochen sei sie unterwegs auf dieser Reise.

Raunte man früher hinter vorgehaltener Hand über ein Mädchen: „Sie hält Petersilie feil", so bedeutete das nichts Gutes für die Maid. Man sagte ihr nach, sich den Männern anzubieten. Einer jungen Frau ein Petersiliensträußchen auch noch an die Tür zu hängen, hieß, sie öffentlich als Dirne zu brandmarken. Und in einigen malerischen Ortschaften mag auch heute noch der freundlich anmutende Name „Petersiliengasse" auf alten Straßenschildern zu lesen sein – wer denkt schon, dass sich dort in früheren Zeiten vermutlich die Bordelle der Stadt befanden?

Petersilie galt sowohl als potenzfördernd einerseits als auch als wirksames Abtreibungsmittel andererseits. Im niederländischen und englischen Volksmund hieß es: Petersilie hilft dem Mann aufs Pferd, den Frauen unter die Erd.

Petersilie,
das edle grüne Kraut!
Was hab ich
meinem Schätzlein
so vieles vertraut;
vieles Vertrauen
tut selten gut,
so wünsch ich
meinem Schätzlein
alles Guts.
Aus: *Des Knaben Wunderhorn*

Kurioses zur gelingenden Aussaat der Petersilie:
In Baden: bei der Aussaat lachen
In Unterfranken: Petersilie in möglichst heftiger Wut säen
Mittags zwischen zwölf und eins säen, dann bekommt sie nur eine dicke Wurzel
An Johanni säen, dann bleibt sie den ganzen Winter grün
Mittwochs säen
An Karfreitag säen, dann ist der Teufel machtlos
Bei abnehmendem Mond säen, dann wird die Wurzel größer
Bei wachsendem Mond säen, dann wird das Kraut buschiger

Tipp für Gärtner: Petersilie hat eine besonders lange Keimzeit, deshalb nicht verzweifeln, wenn sie ein wenig länger braucht, um aufzugehen!

Schon den römischen Gladiatoren wurde vor dem Kampf Petersilie verabreicht, um ihre Virilität zu stärken und – so glaubte man – den Bizeps auf das Doppelte anwachsen zu lassen. Den Athener Kriegern dagegen verbot man den Verzehr in Kampfzeiten, um sie nicht durch sexuelle Stimulation abzulenken.

Weit weniger harmlos war die massenhafte und konzentrierte Anwendung des Krautes bei ungewollten Schwangerschaften. In Überdosis sind die ätherischen Öle der Pflanze giftig, das vor allem in den kleinen graubraunen Früchten enthaltene Apiol löst Krämpfe im Uterus aus und kann Leber, Nieren und Herz schwer schädigen.

Pflanzen, denen man empfängnisverhütende Wirkung zuschrieb:
Petersilie
Myrte
Dill
Quendel
Rosmarin
Lavendel
Raute

Wie immer, wenn es um Liebeslust geht, ist der Teufel nicht weit. In manchen Gegenden war sogar der Ausdruck „Peterling“ rundweg ein anderer Name für den Satan persönlich. Allerlei Grausames wurde dem Küchenkraut angedichtet, so hieß es im Volksmund:
„Wer Petersilie verpflanzt, pflanzt seinen besten Freund unter die Erde.“ Denn ein hässlicher Aberglaube besagte, wenn man eine aus der Erde entnommene Petersilienpflanze wieder einsetze und dabei an eine bestimmte Person denke, so müsse jene sterben. So entstand auch die lange gefestigte Meinung, dass es Unglück bringe, das Kraut im Garten umzupflanzen.

Dennoch Paradoxie der Dinge – ist das Gute ganz in der Nähe zu finden: Gerade durch ihre Nähe zum Teuflischen galt die Petersilie als äußerst wirksames Mittel, um böse Geister zu vertreiben. Der starke Duft, so hieß es, sei ihnen äußerst unangenehm.

Petersilie, Suppenkraut,
wächst in unsrem Garten.
Jungfer Ännchen ist die Braut,
kann nicht länger warten.

Volksspruch

So erzählte man sich in Schlesien von den Fenixmännchen, die sich in alten Zeiten als ungebetene Gäste mit an den Esstisch setzten. Mit ihren roten Tarnkappen blieben sie unsichtbar, nur all die guten Speisen verschwanden von Zauberhand, und die armen Schlesier hatten das Nachsehen. Eines Tages jedoch machte ein gewitzter Koch eine nützliche Entdeckung. Er hatte dem Essen eine Handvoll Petersilie beigefügt, und die Speisen blieben an jenem Abend unberührt. Offenbar hatte die herbe Würze des Krautes die lästigen Schmarotzer vertrieben. Fortan gehörte das neu entdeckte Küchenkraut zum festen Bestandteil des schlesischen Speiseplans.

Was ist dran?

Recht hatte er, der schlesische Koch! Denn Fenixmännchen hin oder her: Gebraten, als frisches Würzkraut oder im Salat – wer wollte heute schon auf die wunderbar duftende Petersilie verzichten? Es dürfte sich in Deutschland um das meistverkaufte Küchengewürz handeln.

In hoher Konzentration ist jedoch die Wirkung von Petersilie nicht zu unterschätzen. Die hormonelle Wirksamkeit der Petersilie ist belegt. Und „im Geist des Menschen erzeugt sie Ernst", machte schon Hildegard von Bingen auf die leicht berauschende und entspannende Wirkung der ätherischen Öle aufmerksam.

Doch wer aus Freude an gutem Essen nach Gusto würzt, wird kaum mit unerwünschten Nebenwirkungen kämpfen.

Peterlin ist in allen Häusern
Küchen und Apotecken wol
bekannt zur Speiß
Reichen und Armen
nicht zu verachten
wird in Gärten gepflantzt.

Adam Lonitzer (1528–1586)

Quendel

Thymus pulegioides

Familie: ***Lippenblütler Lamiaceae***
Steht für: ***Teufelsabwehr, guten Handel; Marienpflanze, Frauenkraut***
Wichtige Inhaltsstoffe: ***Ätherisches Öl, Gerb- und Bitterstoffe, Flavonoide***
Vorkommen: ***An Weg- und Waldrändern, Mauern, auf trockenem Rasen; häufig***
Heilpflanze: ***Kraut wirkt verdauungsfördernd, krampflösend, harntreibend und gegen Husten. Äußerlich gegen Abszesse, Juckreiz und Rheuma***
Küche: ***Gewürzpflanze, wie Thymian verwendet***

Bohler
Duftholz
Feldkümmel
Feldthymian
Felspolei
Karwendel
Kudlkraut
Liebfrauenbettstroh
Rainkümmel
Sandthymian
Wilder Thymian

Eine Sage aus der Pfalz berichtet von einer wundersamen Begebenheit: Eine junge Frau war auf dem Weg durch den Wald, als sie sich wegen ihres schlimmen „Mutterwehs“ (Gebärmutterschmerzen) zur Rast legen musste. Kaum war sie eingeschlafen, kroch eine kleine Kröte aus ihrem geöffneten Mund, begab sich schnurstracks zu einem nahe gelegenen Quendelstock, krabbelte darauf herum, fraß davon und putzte sich nach der Mahlzeit. Sodann lief das Tier zurück in den Mund des Mädchens. Fortan waren die lange erlittenen Beschwerden des Mädchens verschwunden.

Der Quendel ist ein Frauenkraut. Der eng verwandte Thymian soll schon im alten Sizilien der Liebesgöttin Venus geopfert worden sein. In England galt er als Wohnort der Feen. Hierzulande war er eines der aromatischen Schutzkräuter, die Gebärenden auf das Lager gelegt wurden. Am Johannistag mittags gesammelt, gab man den Tee aus der Pflanze den Wöchnerinnen zu trinken.

Der Quendel ist warm und gemäßigt, und ein Mensch, der krankes Fleisch am Leibe hat, sodass sein Fleisch wie die Krätze ausblüht, der esse oft Quendel, entweder mit Fleisch oder im Mus gekocht, und das Fleisch seines Körpers wird innerlich geheilt und gereinigt werden.

Hildegard von Bingen (1098 – 1179)

Verschiedenen Sagen zufolge besaß die heilige Maria eine besondere Vorliebe für das Wildkraut. Im Flämischen berichtet man, sie habe dem Jesuskind eine Bettstatt aus duftendem Quendel bereitet – daher auch der Volksname „Liebfrauenbettstroh“. In Tirol wird erzählt, die Muttergottes habe bei ihrer Vermählung ein Kränzlein aus Quendel getragen, und bei ihrer Reise über das Gebirge soll sie auf einem „Karwendelrasen“ gerastet haben. Um in Tirol, diesmal in Südtirol, zu bleiben: Wer dort vom Teufel verfolgt wird, laufe so schnell ihn die Füße tragen auf eine Quendelpflanze zu und setze sich darauf. Der Überlieferung nach hat der Teufel dann keine Macht mehr. Diese Eigenschaft scheint auch andernorts schon etliche Fastverfallene vor dem Verderben gerettet zu haben. Vor allem schöne junge Mädchen, auf die es der Leibhaftige abgesehen hatte. In Österreich erzählt man sich von einer jungen Frau, die dem schneidigen Jägersmann schon fast erlegen wäre, hätte sie nicht im letzten Moment seinen Pferdefuß entdeckt. Es gelang ihr, den Schreck zu verbergen, und beim nächsten Besuch des Verehrers setzte sie sich einen Kranz aus Quendel, Ehrenpreis und Widertonmoos auf den Kopf. Traurig singend zog der Teufel ab:

Kudlkraut, Ehrenpreis und Widertat
ham mich um mei Herzliebste bracht.

Eine nützliche Eigenschaft, die man dem Quendel in Thüringen zuschrieb, fällt ein wenig aus dem Rahmen, soll aber dennoch nicht vorenthalten werden. Dort hieß es nämlich, das Kraut könne die Geschäfte beeinflussen. Einfach einen Stängel in die rechte Hand nehmen, dreimal um den Kopf schwingen und rufen:

Quandel, mach mir den Handel!

Was ist dran?
Mit vielen anderen duftenden Kräutern teilt sich der Quendel seine Bedeutung als Schutzkraut; man ging davon aus, dass böse Mächte den Wohlgeruch scheuten. Als Heilkraut ist die Pflanze seit dem Mittelalter belegt, seit dem 15. Jahrhundert vor allem in der Frauenheilkunde, weshalb er auch als Marienpflanze galt. Wissenschaftlich anerkannt ist heute die Anwendung bei Katarrhen der oberen Atemwege.

Als Gewürzpflanze ist der duftende Quendel wie Thymian zu verwenden, wunderbar zu hellem Fleisch, Lammfleisch oder mediterranen Tomatensaucen. Im Gegensatz zu anderen Kräutern behält er seinen Geschmack auch, wenn man ihn lange mitkocht.

Augenkraut
Edelraute
Gartenraute
Gertrudenkraut
Gnadenkraut
Hofraute
Kreuzraute
Totenkräutl
Weinraute

Raute

Ruta graveolens

Familie: Rautengewächse Rutaceae
Steht für: Liebes- und Antiliebeszauber; Totenkraut
Wichtige Inhaltsstoffe: Ätherisches Öl, Alkaloide, Gerb- und Bitterstoffe, Flavonoid Rutin, Kumarin, Harze
Vorkommen: Bauerngartenpflanze, in warmen Gegenden gelegentlich verwildert
Heilpflanze: Seit der Antike gegen Augenleiden.
Tee zur Förderung der Regelblutung, bei Krämpfen und gegen Schwindel
Küche: Zu kräftigem Fleisch wie z. B. Lamm oder Wild, dunkle Saucen, Salatgewürz
In größeren Mengen giftig! Schwangere sollten auf die Anwendung verzichten, da das Kraut Wehen auslösen kann.

Wie man die Liebe einer begehrten Frau gewinnt:
Man gehe an einem Sonntag einmal vor und einmal nach Sonnenuntergang zu einer Rautenpflanze, lasse darauf Wasser im Namen der Angebeteten und streue anschließend Salz auf die Pflanze. Danach grabe man die Raute mitsamt der Wurzel aus – aber niemals mit einem Eisenwerkzeug, das Metall können die Pflanzengeister nicht ausstehen! Zu Hause lege man das Gewächs in die heiße Glut und spreche – am besten auf Latein – folgende Beschwörung:
„El. Ol. Omel. Die ihr Meister der Liebe seid, beschwöre und befehle ich euch, dass ihr, wie jene Raute in der Asche brennt, die Sinne der (Name der Ersehnten) in Liebe zu mir entbrennen lasst, dass sie nicht ruhig sei, bis sie mir zu Willen ist."
Nach einer Handschrift aus dem 16. Jahrhundert

Für besonders fromme Gemüter gab es in der Tschechei folgende Variante, bei der man vor Sonnenaufgang schweigend eine Rautenpflanze aufsuchte und dreimal sprach:
„Rautenstaude, du adeliges Kraut, schöne gelbe Blume, ich, der ich geschaffen bin durch denselben, tu dir gebieten und beschwöre dich beim lebendigen Gott und durch die hohe Güte Gottes, dass du die Tugend an dir hast, so ich eins damit anrühre, mich so lieb hat, als Maria ihren Sohn liebte, da sie ihn gebar."

Um die Liebe schließlich zu erhalten, war es vielerorts üblich, Rautenblätter in den Brautschuhen oder im Brautbett zu platzieren. Wie viele duftende Kräuter galt die Pflanze für Dämonen und Hexen als äußerst unangenehm, und junge Eheleute galten als besonders anfällig für Schadenszauber von bösen Mächten.

Doch nicht nur als Liebeskraut hatte sich die hübschblättrige Raute einen Namen gemacht, sondern auch für das Gegenteil: Sie galt als probates Mittel, um unerwünschte oder gar angehexte Liebe wieder loszuwerden. Der Botaniker Hieronymus Bock empfahl in seinem *Kreütter Buch* anno 1539 die Anwendung von Raute gegen ungebührliche sexuelle Begierden von Klosterbewohnern: „Das sollten alle Closter- und ordensleut, welche keusch sein wöllen und reinigkeit zu halten vermessenlich geloben, stets in irer speiß und drank brauchen.“
Damit steht er in langer Tradition, denn schon Plinius empfahl die Pflanze gegen „wollüstige Träume und Samenfluss“.

Die Raute fehlt in kaum einer mittelalterlichen Schrift über Pflanzenkunde. Neben ihrem erstaunlichen Ruf als Liebeskraut galt sie für allerlei Kleinigkeiten gut. Sie half gegen:

Teufel – Katzen – Gift – die Pest – Augenleiden – Ungeziefer aller Art

Junge Hühner etwa besprenkelte man früher mit Rautensaft, um sie vor dem Fuchs zu schützen. Der Römer Plinius behauptete, das Wiesel würde vor dem Kampf mit der Schlange Raute fressen, um sich gegen deren Gift zu wappnen. Und aus der Toskana ist eine Beschwörung gegen Augenkrankheiten überliefert, bei der eine Frau einen Rautenkranz winden sollte, dabei aber auf keinen Fall von einem Kind oder einem Tier beobachtet werden durfte. Dieser Kranz wurde dann über die Augen des Leidenden gelegt.

Gleich etlichen anderen Duftkräutern war auch die Raute eine Totenpflanze, mit der man vermutlich ursprünglich versuchte, dem Verwesungsprozess entgegenzuwirken. In Österreich wurde sie dem Verstorbenen auf die Brust gelegt. Die gelb leuchtenden Blüten sollten sich in Gold verwandeln und die Seele des Toten strahlend im Himmel ankommen lassen.

Rezept

gegen angezauberte Liebe

Je ein Quäntchen Raute,
Weintrauben und die
Arzneimischung Theriak
1 Zwiebel

In der Pfanne braten
und aufessen.

(Alternativ:
dem unerwünschten
Verehrer selbst die
Raute zu essen geben)

Volksglaube

herbe à la belle fille

Was ist dran?

Der Ruf, bei unerwünschten Folgen der Liebe zu helfen, hat in der Tat pharmakologischen Hintergrund. Wie Petersilie löst das konzentrierte Kraut starke Krämpfe aus und galt als wirksames Abtreibungsmittel. Im Pariser „Jardin des Plantes“ musste noch im 19. Jahrhundert ein Zaun um das Rautenbeet gefasst werden, um die Pflanzen vor der Plünderung durch unfreiwillig schwangere Frauen zu schützen.

In der Homöopathie wird Raute auch heute noch gegen Augenentzündungen verwendet.

Lachen flattert aus, verweht,
spöttisch klimpert eine Laute,
leise eine stille Raute,
eine schwermutvolle Raute
an der Schwelle niedergeht.
Klingklang! Eine Sichel mäht.

Georg Trakl (1887–1914)

Leuchtend blüht Salbei ganz vorn
am Eingang des Gartens,
süß von Geruch, voll wirkender
Kräfte und heilsam zu trinken.
Manchen Gebresten der Menschen
erwies er sich nützlich,
ewig in grünender Jugend zu stehen
hat er sich verdient.

Walahfrid Strabo (um 808–849)

Salbei

Salvia officinalis

Familie: *Lippenblütler Lamiaceae*
Steht für: *Liebeskraut*
Wichtige Inhaltsstoffe: *Ätherisches Öl, Gerb- und Bitterstoffe, Flavonoide*
Vorkommen: *Garten- und Arzneipflanze, kommt an sonnigen Stellen auch verwildert vor. Heilpflanze: Wirkt bakterien- und virenhemmend, adstringierend, verdauungsfördernd und schweißhemmend. Als Tee oder Gurgellösung gegen Entzündungen im Mund- und Rachenraum*
Küche: *Würzkraut, vor allem in der mediterranen Küche zu Fleisch, Fisch und Nudelgerichten*

Altweiberschmecken
Geschmackblatt
Küchlikraut
Müsli
Raue Salbe
Sälvel
Salbine
Salver
Schmale Sophie
Tugendsabe
Zahnblätter
Zupfblattel

Unter allen Stauden ist kaum ein Gewächs mächtiger als der Salbei, denn es dient dem Arzt, Koch, Keller, Armen und Reichen.

Hieronymus Bock (1498 – 1554)

Der Salbeistrauch und der Tod. Eine traurige Geschichte aus Boccaccios *Decamerone* berichtet von einem Liebespaar, dem die Gewohnheit, das antibakterielle Kraut zur Zahnreinigung zu benutzen, zum Verhängnis wurde. Dritte Protagonistin der Geschichte ist eine Kröte. Vielleicht wegen der Ähnlichkeit von rauer Blattoberfläche und runzeliger Haut wurde die Pflanze in alten Zeiten mit diesem verwunschenen Tier in Verbindung gebracht.

Die arme, aber hübsche Wollspinnerin Simone aus Florenz und Pasquino, ein einfacher Bote, lieben sich zärtlich. Als sie eines Tages zusammen in einem Garten essen, reibt sich Pasquino die Zähne mit Salbeiblättern und fällt tot um. Simone wird des Mordes durch Vergiftung bezichtigt und ins Gefängnis geworfen. Der Richter, dem sie erzählt, wie Pasquino gestorben ist, führt sie in den Garten, wo sie, um ihre Aussage zu bekräftigen, ihre Zähne mit Salbeiblättern reibt, wie Pasquino es getan hatte. Wie Pasquino fällt sie augenblicklich tot um. So bezahlt sie den Beweis ihrer Unschuld mit dem Leben. Der Salbeistrauch wird näher untersucht: In seinen Wurzeln wird eine Kröte entdeckt, deren Gift in die Pflanze gestiegen war.

Giovanni Boccaccio (1313 – 1375), *Decamerone*

Legt man das Kraut in den Mist, so wird daraus ein Wurm oder ein Vogel, der einen Schwanz wie die Drossel hat. Kommt man mit dem Blut dieses so entstandenen Tieres in Berührung, verliert man seine Sinne mindestens einen Monat lang. Streut man die Asche des Wurms ins Feuer, so entstehen Blitz und Donner. Streut man das Pulver in eine Ampel und entzündet diese, so erscheint das ganze Haus voll Schlangen, sagt die Überlieferung.

Weit weniger spektakulär, aber umso nützlicher im Alltag scheint dagegen die allgemeine Verwendung des Salbeis im Liebeszauber. Mancherorts wurde ein Zweig als magische „Lebensrute" verwendet. Was und wen auch immer man damit schlug – seien es Kühe oder junge Frauen –, sollte gesund und fruchtbar werden. Poetischer veranlagte Gemüter mögen sich jedoch an die alte Symbolhaftigkeit des Salbeis für Treue und Erinnerung gehalten haben:

Rosmarin und Salbeiblättchen
schenk ich dir zum Abschiedsgruß.
Und dies sei mein letzt' Gedenken,
weil ich dich verlassen muss.

Volkslied

Fromm gesinnten Menschen aus Pommern, die erfolglos von der großen Liebe träumten, stand folgende Möglichkeit zur Verfügung:
Um Liebe bei einer Person zu erwecken,
nimm drei Salbeiblätter und schreibe auf das erste Adam Eva,
auf das andere Jesus Maria,
auf das dritte deinen und ihren Namen.
Brenne diese Blätter zu Pulver und bringe dieses der Person
beim Essen oder Trinken bei.

Alternativ nach einem Rezept von 1727:
Man steche mit einer noch nie benutzten Nadel drei Löcher in ein Salbeiblatt. Dann nehme man eins seiner und eins ihrer Haare und fädle sie zur Hälfte durch. Danach das Salbeiblatt mitsamt den Haaren in frisches Wachs betten, das Ganze auf einen Taufstein legen und sprechen:
Ich taufe dich im Namen Gottes des Vaters, des Sohnes und des Heiligen Geistes. Amen. Das geweihte Wachs unter der Türschwelle der Liebsten vergraben. „So muoss sie dich lieb haben."

Was ist dran?

Schon der Name sagt alles über den Leumund der Pflanze: „Salbei", im Althochdeutschen „salbeia", leitet sich vom lateinischen „salvus", also „gesund", ab. Die alten Römer waren es vermutlich auch, die das Wunderkraut aus dem Süden nach Mitteleuropa brachten, und jeder Gärtner weiß, wie sehr der holzige Halbstrauch nach wie vor ein warmes Plätzchen schätzt. Auf sonnigen Rasenflächen sehr häufig zu sehen sind die leuchtend blauen Blüten des nah verwandten wild wachsenden Wiesensalbeis *Salvia pratensis*, der allerdings in Duft und Geschmack nicht an den Gartensalbei heranreicht.

a. Centaurium minus, Petite Centaureé,
Tausend-Gülden Kraut.
b. Centaurium minus flore albo.
c. Centaurium flavum

Tausendgüldenkraut

Centaurium erythraea

Aurin
Erdgalle
Fieberkraut
Geschosskraut
Gottesgnadenkraut
Hundertguldenkraut
Laurinkraut
Magenkraut
Muttergotteskraut
Sanktorikraut
Schmeckeblume
Tollhundskraut

Familie: ***Enziangewächse Gentianaceae***
Steht für: ***Wundheilung, Hexenerkennung, Reichtum***
Wichtige Inhaltsstoffe: ***Bitter- und Gerbstoffe, Flavonoide***
Vorkommen: ***Trockenhänge und -gebüsche, lichte Wälder, Wiesen; streng geschützt***
Heilpflanze: ***Kraut und Blüten gegen Appetitlosigkeit, Magen- und Menstruationsbeschwerden, Erschöpfung***

Im Gefecht schrammte einst ein Pfeil am Bein des starken Zentauren Chiron entlang und hinterließ eine klaffende Wunde. Der pflanzenkundige Pferdemensch griff nach einem unscheinbaren rot blühenden Kräutlein im Gras und legte es auf die Verletzung, die sich bald darauf zusammenfügte. Fortan wurde das Kraut „Centaurium" genannt.

Diese Geschichte des gelehrten Plinius geriet in Vergessenheit, und über die Jahrhunderte zerlegte sich der Name der Pflanze in seine lateinischen Silben-Bestandteile „centum" (= hundert) und „aurum" (= Gold). Und weil hundert so gut wie tausend war und für mittelalterliche Menschen schlichtweg „viel" bedeutete, setzte sich mit der Zeit die Bezeichnung „Tausendgüldenkraut" durch. Nicht vergessen war allerdings die sagenhafte Wundheilkraft der Pflanze, die mit 1000 Gulden nicht aufzuwiegen war. Der Kirchenvater Albertus Magnus und der Naturwissenschaftler Konrad von Megenberg behaupteten sogar, dass mehrere im Topf garende Fleischstücke durch Zusatz des wundersamen Krauts wieder zusammenwachsen würden.

Diu erdgall hat die art, wer si seudet mit flaisch so macht sie auz allen stucken ein stuck.

Konrad von Megenberg (1309–1374)

Dass man mit der Pflanze reich wird, wie der klangvolle Name verheißen könnte, ist in Falkenau an der Eger überliefert, wo man am Johannistag schweigend während des Mittagsläutens die Pflanze pflückte und das Jahr über im Geldbeutel trug. In der Gegend von Bayreuth legte man das Kraut zusammen mit Schabziegerklee in die Sparbüchse.

Ist gut über Jahr zu vielen Sachen.

Adam Lonitzer (1528–1586)

Marienkraut und Hexenzauber
Das Tausengüldenkraut galt als Frauenkraut. Häufig war die Pflanze in den Kräuterbuschen an Mariä Himmelfahrt zu finden. Im schweizerischen Aargau hieß es, ein Reiter dürfe nicht am Tausendgüldenkraut vorbeireiten. Er müsse absteigen, die Pflanze pflücken und mitnehmen. Begegnete ihm auf dem Weiterritt dann eine Frau, so müsse sie dem Kraut in der Hand des Reiters einen Kuss geben.

Auch auf Hexensuche soll sich das Tausendgüldenkraut als nützlich erweisen, wie eine alte Geschichte aus dem Harz überliefert:

Da setzte sich zwischen 11 und 12 Uhr der Schneider Dankemeier hinter den Fischer'schen Gasthof. Zufällig hatte er sich an jenem Tag mit einem Kranz aus Tausendgüldenkraut geschmückt. Als er da so saß, traute er auf einmal seinen Augen nicht! Drei Frauen kamen durch die Luft gesaust, die eine auf einem Ziegenbock, die nächste auf einem Esel und die dritte auf einer Gans.

Grundsätzlich gilt: Alternativ zum Melkeimer auf dem Hexenhaupt, wenn man den bewährten Gundermannkranz aufsetzt, kann man die Zauberfrauen mithilfe von Tausendgüldenkraut an Ofengabeln erkennen, auf denen sie, so ist es jedenfalls im niederbayerischen Rottal überliefert, in die Walpurgisnacht reiten.

Was ist dran?
Heute ist die Anwendung des seltenen Enziangewächses bei Verdauungsbeschwerden wissenschaftlich anerkannt. Dank seiner starken Bitterstoffe ist Tausendgüldenkraut ein beliebter Zusatz von Likören. Als Wundheilkraut findet es kaum mehr Verwendung. Die Pflanze steht unter Naturschutz und darf nicht gesammelt werden. Doch wer einen Garten besitzt, kann einen Versuch starten, das heikle Kraut zwischen Februar und März auszusäen. Es bevorzugt trockenen und nährstoffarmen Boden, und ist es mit den vorgefundenen Bedingungen einverstanden, entwickelt es sich zu einer pflegeleichten und dankbaren Ergänzung des hauseigenen Kräutergartens.

Wenn das Tausendgüldenkraut
offen blüht in Waldgehegen,
darf gewiss sein, wer es schaut,
dass es hat bei Nacht getaut
und am Tage kommt kein Regen.

Als ein Tausendgüldenkraut
blühtest du an meinen Wegen,
und solang ich dich geschaut,
war die Nacht mir lustbetaut
und der Tag hell ohne Regen.

Schönes Tausendgüldenkraut,
wie sich nun zusammenlegen
deine Blätter, seufz ich laut:
Ach, die Nacht hat stark getaut
und der ganze Tag ist Regen.

Friedrich Rückert (1788–1866), *Kindertotenlieder*

Unkraut

Unkraut ist so alt wie Ackerbau. Nach dem Sündenfall sprach Gott zu Adam „… verflucht sei der Acker um deinetwillen, mit Kummer sollst du dich darauf nähren, dein Leben lang. Dornen und Disteln soll er dir tragen.“ Doch bis heute gilt: Was des peniblen Gärtners Albtraum, mag des Heilkundigen größte Freude sein. Die Zuordnung von Kraut und Un-Kraut kann sehr subjektiv beurteilt werden, im 18. Jahrhundert etwa traten mancherorts Verordnungen zur vollständigen Ausrottung von Gänseblümchen in Kraft. Im Zuge der Umweltbewegung der 1980er-Jahre gab es Versuche, ungeliebtes Grünzeug in Garten und Acker ganz allgemein politisch korrekt als „Wildkraut“ zu bezeichnen – ohne großen Erfolg. Der unrühmliche Name erwies sich als so widerstandsfähig wie das wuchernde Gewächs. Unkraut bleibt Unkraut. Und bietet beim näheren Hinsehen unerschöpflichen Reichtum: Heilpflanzen, Kulinarisches, Nahrung für Nützlinge, Schutz vor Erosion und Verkarstung. Und in seiner Vielfalt natürlich reichlich Stoff für Geschichten, die seit Jahrhunderten überliefert sind. Einige sind in diesem Buch bereits aufgeführt, viele andere wissen noch davon zu erzählen.

Gänseblümchen *Bellis perennis*
fungieren als Liebesorakel

Schöllkraut *Chelidonium majus*
lässt den Stein der Weisen finden

Löwenzahn *Taraxacum officinale*
lässt Glück vorhersagen

Schlüsselblume *Primula veris*
ist ein irdischer Abdruck des Himmelsschlüssels

Wegwarte *Cichorium intybus*
öffnet an St. Peter und Paul (29. Juni) alle Schlösser

Baldrian *Valeriana officinalis*
macht unwiderstehlich und verleiht hellseherische Kräfte

Klette *Arctium*
lässt im Verbund mit Johanniskräutern die Zukunft im Traum sehen

Königskerze *Verbascum densiflorum*
kann böse Geister abwehren und das Wetter vorhersagen

Schafgarbe *Achillea millefolium*
heilt Krankheiten und offene Wunden

Hirtentäschel *Capsella bursa-pastoris*
stillt Blutungen

Ackersenf *Sinapis arvensis*
erwärmt die Haut

Beinwell *Symphytum officinale*
hilft bei Beinverletzungen

Widertonmoos *Polytrichum commune*
ist die Wohnstatt der hilfreichen Moosweiblein

Bärlauch *Allium ursinum*
auf die Brust gestrichen, schützt vor Hexenangriffen

Klatschmohn *Papaver rhoeas*
wird als Liebes- und Berufsorakel verwendet

Ehrenpreis *Veronica*
lässt es gewittern, wenn man ihn pflückt

Vergissmeinnicht *Myosotis*
macht Liebe unvergesslich

Giersch *Aegopodium podagraria*
hilft gegen Gichtschmerzen

Mädesüß *Filipendula ulmaria*
kann allerlei Unheil abwehren

Sauerampfer *Rumex acetosa*
bringt reichen Kindersegen

Vogelmiere *Stellaria media*
hilft gegen vielerlei Schmerzen

Quecke *Elymus repens*
verleiht geistige und körperliche Kraft

Ackerschachtelhalm *Equisetum arvense*
kann Blutungen stillen

Günsel *Ajuga reptans*
macht Sommersprossen

Storchenschnabel *Geranium robertianum*
hilft gegen Traurigkeit und Ohrenleiden

Bibernell *Pimpinella saxifraga*
hilft gegen Pest

Wer Verbene bei sich trägt, braucht keinen Zauber mehr zu fürchten.

Arzneibuch aus dem 11. Jahrhundert

Verbene

Verbena officinalis

Familie: Eisenkrautgewächse Verbenaceae
Steht für: Liebeskraft, Teufelsabwehr, Glück
Wichtige Inhaltsstoffe: Ätherisches Öl, Glykoside, Gerb- und Bitterstoffe
Vorkommen: Wegränder, Mauern, Brachflächen, Waldränder; häufig
Heilpflanze: Blätter und Blüten als Tee gegen leichte Magenbeschwerden, als Gurgellösung oder Spülung gegen Entzündungen im Mund- und Rachenraum

Druidenkraut
Eisenhart
Eisenherz
Eisenkraut
Junoträne
Taubenkraut
Teufelsbann
Wundkraut
Wunschkraut

Rezept

Heiliger Weihrauch aus dem alten Rom

Zutaten:
Lorbeerblätter
Wacholderzweige
Verbene
Salbei
Thymian
(nach Plinius)

Verbene oder Eisenkraut wurde früher „Isenkraut“ genannt. „Is“ bedeutet im Althochdeutschen „hart“ und „zäh“. Der Name ist Programm: Unscheinbar und sparrig findet sich die vielblütige Pflanze an Wegrändern und Brachflächen. Der Saft des Krautes stand in dem Ruf, Eisen zu härten, und wurde in den Schmieden dem Löschwasser zugegeben.

Eine mächtige und sehr alte Zauberpflanze. Die keltischen Druiden benutzten sie, um in die Zukunft zu schauen. Und wenn man damit umzugehen wusste, konnte man alles erlangen, was man sich wünschte. Man musste beim Aufgang des Hundssterns Sirius ein Kraut finden, das weder von Sonne noch von Mond beschienen war. Um die Erde mit dem Opfer zu versöhnen, war mit einem Eisen ein Kreis um die Pflanze zu ziehen, anschließend musste sie mit der linken Hand ausgegraben werden. Schließlich salbte man sich damit.

- Es hieß, man könne giftige Schlangen in die Hand nehmen, wenn man diese vorher mit Verbene eingerieben hatte.
- Um zu erkennen, ob ein Kranker verhext ist, wird er mit einem Absud der Pflanze gewaschen. Findet sich dann eine große Menge Haare im Waschwasser, ist der Patient sogar sehr stark verzaubert.
- Verlorenes oder Gestohlenes findet sich wieder, wenn man auf einem Sträußchen Verbene schläft.
- Eisenkraut schenkt wunderbare und hellsichtige Träume.
- Faule Schüler werden mithilfe von Verbene klug und wissbegierig.
- Ein Bündel des Krauts an den Schweif gebunden, und Pferde laufen schneller.
- In den Schuh gelegt, lässt Verbene die Füße niemals müde werden und man findet stets den richtigen Weg.
- Eisenkraut bringt Mäuse in die Falle. Man kann auch Fische locken, sodass man sie mit den Händen fangen kann.
- Bringt man Verbene in einem Taubenschlag an, so kommen die Bewohner mit fremden Tauben heim.
- Wer das Kraut bei sich trägt, den bellen keine Hunde an.
- Mithilfe von Eisenkraut kann man jedes Schloss und Tor öffnen.
- Verbene bietet Schutz gegen Gewitter und bösen Zauber.

Die alten Römer trugen Kränze aus Eisenkraut auf dem Kopf, wenn sie sich in schwierige Verhandlungen begaben, und fegten die Altäre ihrer Jupitertempel mit kleinen Besen aus Verbene, um Unglück fernzuhalten.

Eiserne Liebe

Zum Planeten Venus stand das Eisenkraut nach Überlieferung in besonderer Beziehung. Wer es bei sich trug, verfügte über besondere Liebeskraft und war bei allen Menschen wohlgelitten. Ganz nebenbei sollte es den Penis hart wie Eisen machen. Doch wie es eben so ist, ganz umsonst war die Pflanze natürlich nicht in den Dienst zu nehmen. Folgendes Verfahren ist überliefert:
In der Nacht des Karfreitag, an Johanni oder zu Mariä Himmelfahrt das Eisenkraut graben, möglichst mit einem Werkzeug aus purem Gold. Die ganze Nacht neben der ausgegrabenen Pflanze Wache halten, bis der Morgentau sie benetzt. Kurz vor Sonnenaufgang das Kraut mit nach Hause nehmen und verwahren.

verbeen, agrimonia, madelger,
charfreytags graben, hilft dir sehr,
daß dir die frawen werden hold,
doch brauch kein eisen, grabs mit goldt.
Leonhard Thurneysser

Mit Wein oftmals getrunken, nutzt die Verbene den Gelbsüchtigen.
Sie heilt, mit Wein gestampft und aufgelegt, verderbliche Bisse,
doch jeden vierten Tag muss dieses Pflaster erneuert werden.
Wälzt man den lauen Saft im Mund, reinigt und heilt er Wunden
in der Mundhöhle. Und gleiche Wirkung tut die frische Abkochung
des Krautes, denn auch durch sie wird jegliche Eiterfäule
im Mund vertrieben.
Odo von Meung, *Macer floridus*, 11. Jahrhundert

Was ist dran?

Seit der Antike als wahres Wunderkraut geschätzt, besitzt die Verbene heute kaum noch Bedeutung in der Heilkunde, denn die Wirksamkeit ihrer Inhaltsstoffe – Eisen ist übrigens nicht enthalten – konnte bislang nicht wissenschaftlich nachgewiesen werden. Dennoch ist das Kraut oft Bestandteil handelsüblicher Erkältungsmittel. Gerne wird die Pflanze mit der nahe verwandten Zitronenverbene verwechselt. Die ist nämlich ein äußerst beliebtes Küchenkraut aus Südamerika, dessen süßer, duftiger Zitrusgeruch weit entfernt scheint von der einst so mächtigen Magie ihrer europäischen Schwester.

VERBENACA
NA SIVE FOEM
Eisenk
dd 3

Der Wegerich

Ich armes Kraut am Weg,
ich steh hier ungebeten,
muss auf mich lassen treten,
wer Lust hat, flink und träg.

Und bin doch froh fürwahr,
wenn nicht des Gärtners Harke
mich mit des Lebens Marke
reißt aus dem Boden gar.

Wenn dir dein Stand missfällt,
wen hast du zu verklagen?
Warum hast, hör ich sagen,
du dich hierher gestellt?

Ich möchte lieber stehen
im Garten bei der Rose,
um die mit Liebgekose
die Lüfte schmeichelnd wehn.

Doch wird gepflückt zuletzt
die Ros von ihren Beeten,
und werd ich dann zertreten,
so sind wir gleich geschätzt.

Friedrich Rückert (1788 – 1866)

Wegerich

Plantago major, Plantago lanceolata, Plantago media

Heilblärer
Heufresser
Katzenschwanz
Lämmerzunge
Siebenrippe
Wägelistock
Wegbreite
Wegetritt
Wegwurz

Familie: ***Wegerichgewächse Plantaginaceae***
Steht für: ***Magische Wundheilung, Liebes- und Antiliebeszauber***
Wichtige Inhaltsstoffe: ***Aucubin, Gerb- und Schleimstoffe***
Vorkommen: ***Wegränder, Wiesen, Weiden, Schotterwege, zwischen Pflastersteinen; sehr häufig***
Küche: ***Breitwegerich gedünstet als Gemüse, Spitzwegerich auch als Salat; Früchte als Brotgewürz***

Wegerich!
Kräutlein der Proserpina!
Tochter des Orkus!
Wie du das Maultier
unfruchtbar gemacht hast,
so verschließe auch die Blutwelle aus
dem Leibe dieses Weibes.
Segensspruch aus dem 11. Jahrhundert

Wenn die lichte Proserpina, die Tochter der römischen Fruchtbarkeitsgöttin Demeter, über die Felder und Wiesen lief, schien sie die Farben der Natur zum Leuchten zu bringen. Es kam selten vor, dass sich die olympischen Herrschaften derart einig waren, aber sie war nicht nur lieblich anzuschauen, sondern auch von untadeligem und freundlichem Charakter. Das war auch dem Gott der Unterwelt nicht entgangen. Jenes Mädchen im Blumenmeer. Eines Tages, zu der Zeit, als die Blüten in ihrer höchsten Pracht standen, teilte sich in einem Schlag die Erde zu seinen Füßen, und Pluto, der Herrscher der Toten, zerrte sie hinab in sein dunkles Reich. Proserpina wurde seine Frau.
Ihre Mutter Demeter schrie in unendlichem Schmerz. Auch alle anderen Götter litten mit ihr über das verlorene Kind. In ihrer unermesslichen Trauer ließ Demeter alle Fruchtbarkeit, die auf der Erde war, versiegen. Ihr Schrei verhallte in der Stille und es wurde tiefer Winter.
Der Götterbote Hermes, der Herr aller Wege und Straßen, kannte den Zugang zur Unterwelt. Er lief mit geflügelten Schuhen, um den grausamen Pluto zu bitten, das Mädchen wieder freizugeben. Zu seiner Überraschung stimmte der Totenfürst zu. Denn er wusste genau, dass sein Weib bereits von den Samen gegessen hatte, die sie an die dunkle, schlummernde Erde des Winters binden würden. Für alle Zeiten würde sie für einige Monate des Jahres in sein Reich zurückkehren.

herba proserpinacia

Liebesorakel

Wegerich quer durchreißen und heraushängende Fäden zählen:
Frauen erfahren …
… wie viele der Liebste vor ihnen geküsst hat
… wie oft einer an dem Tag schon gelogen hat
… wie viele Kinder zu erwarten sind

„Kraut der Proserpina“ ist ein alter Name für den Wegerich. Das Kraut jener Göttin, die als Einzige das Totenreich betreten und wieder verlassen darf. Ein Kraut, das Todgeweihte ins Leben zurückrufen kann. Mittelalterliche Blutsegen besagten, wer die Pflanze in seiner linken Hand, der Herzhand, hielt, besaß die Macht, die schlimmsten Blutungen aufzuhalten und zu stillen.

Der heilkundige arabische Arzt Avicenna (980 – 1037) soll beobachtet haben, wie eine Schlange von einem Kaufmannswagen überfahren wurde. Mit letzter Kraft kroch das schwer verletzte Tier zu einer der vielen Wegerichpflanzen am Straßenrand, biss ein Blatt ab und legte den durchgekauten Brei auf seine Wunden. Der erstaunte Beobachter konnte nun feststellen, dass sich die Schlange wie durch ein Wunder erholte.

Wegerich, der mächtige König des Schotters, jenes alltägliche, widerstandsfähige Straßenkraut, war freilich nicht so einfach beim Spaziergang am Wegesrand zu pflücken. Der altenglische Lachner, der heilkundige Sprecher der oben zitierten Worte, machte sich vor Sonnenaufgang ungewaschen, ohne ein Wort zu sagen und sich umzuschauen auf, um die Wegerichwurzeln zu graben. Er durfte kein Eisen bei sich tragen. Ein wenig Blut zum Opfer, Milch, Honig oder Met. Dann sprach er das Kraut mit der Beschwörungsformel an.

Heilkraft der anderen Art versprach eine Wegerich-Salbe für den englischen Herrscher Heinrich VIII., die ganz speziell für Seine Majestät entwickelt worden war: der „King’s Graces Oyntement“. Aufgrund seines regen Sexuallebens brauchte der Monarch ein Mittel, um die königliche Männlichkeit zu kühlen und zu beruhigen.
Hildegard von Bingen dagegen empfiehlt ein „Pulver gegen Gift und Zauberworte“ aus sieben Wegerichwurzeln mit Wurzeln von Malve und Storchenschnabel gegen „angehexten Geschlechtstrieb“.

Wege-rich = Herrscher des Weges (indogerman. -rich = König)

Und du, Wegerich, Mutter der Pflanzen,
offen nach Osten, mächtig im Innern:
über dich knarrten Wagen, über dich ritten Frauen,
über dich breiteten sich Bräute,
über dich schnaubten Farren [Jungstiere];
allen widerstandest du und setztest dich entgegen:
so widerstehe du auch dem Gift und der Ansteckung
und dem Übel, das über das Land dahinfährt.

Nine Herbs Charm, 9./10. Jh.

Rezept

Um Liebe einer desinteressierten Person zu gewinnen

Zutaten:
Wegerichsamen
2 Tropfen Weihwasser
1 Gänsefeder
etwas Jungfernwachs
(erstes Wachs der jungen Bienen)

Man hole an Johanni vor Sonnenaufgang Samen vom Wegerich und pulverisiere sie. Dann fülle man diese zusammen mit dem Weihwasser in den Kiel der Gänsefeder. Mit dem Jungfernwachs verschließe man diese sorgfältig.
Wer dieses Mittel bei sich trägt, soll sich der Zuneigung aller sicher sein können.

Französisches Rezept aus dem 17. Jahrhundert

PLANTAGO
MAIOR.

Was ist dran?
Der Wegerich ist eine der ältesten Heilpflanzen überhaupt. In der Erfahrungsheilkunde war das Kraut beinahe weltweit die meistverwendete Arznei zur Wundversorgung. Wer es einmal nach einem juckenden Mückenstich mit Auflegen eines leicht angekauten Blattes versucht, weiß gut um die reizlindernde Wirkung! Auch gegen Schwindsucht mit Blutauswurf, Husten, Durchfall und Blutarmut wurde die Pflanze über Jahrhunderte verwendet. Wissenschaftlich erwiesen ist die innere Anwendung der Blätter bei Katarrhen der Atemwege und die äußerliche Anwendung gegen Hautreizungen und Schleimhautentzündungen im Mund- und Rachenraum.

Spitzwegerich = männlich
Breitwegerich = weiblich

Gegen Fieber:
drei oder neun Wurzeln um den Hals hängen
Gegen Kopfschmerz:
Wurzel mit einem roten Faden um das Haupt binden
Gegen müde Füße:
Blätter in die Schuhe legen
Gegen böse Würmer und Geister:
ein Amulett aus 3, 7, 9 oder 99 Wurzeln um den Hals hängen

Hexenkräuter

Darauf rüttelt sie alle ihre Glieder. Diese sind kaum in wallender Bewegung, als daraus schon wallender Flaum hervortreibt. In einem Augenblick sind auch starke Schwungfedern gewachsen, hornig und krumm ist die Nase, die Füße sind in Krallen zusammengezogen. Da steht die Hexe Pamphile als Uhu.
Apuleius (um 125 – um 170)

Einst salbte sich die Göttin Hera mit Ambrosia, um vom Olymp hinab „über die obersten Gipfel, niemals die Erde berührend", über Thrakiens verschneite Berge zu Zeus auf den Idaberg zu gelangen. So schrieb Homer und berichtet, wie überrascht der Göttervater sich zeigte, in welcher Geschwindigkeit seine Frau den Weg ohne Pferd und Wagen geschafft hatte. Einige hundert Jahre später wurde die Mixtur, mit deren Hilfe sich Kräuterkundige des Nachts auf derlei rasante Flugreisen begeben konnten, „Hexensalbe" genannt.

Seit alters hatte es Frauen gegeben, die über scheinbar übernatürliches Wissen verfügten. Sie kannten die Wirkung der Naturgegebenheiten und wussten diese anzuwenden. Sie hantierten mit hochwirksamen Pflanzen. Sie wussten, welche Teile eines Krautes zu verwenden waren. Sie konnten heilen und zerstören. Jenes Wissen erschien im Verbund mit übernatürlichen Mächten. Zunehmend wurde im Volksglauben aus der einstmals „Weisen Frau" oder kräuterkundigen „Herbaria" die Buhle des Teufels, die den Menschen Schaden zufügen wollte. Man machte sie für alles widerfahrene Elend verantwortlich. So begann im späten Mittelalter mit Erscheinen der Hetzschrift *Hexenhammer* (1487) die Verfolgung unzähliger unschuldiger Menschen, die 300 Jahre andauern sollte. Die Verfasser des grausamen Werkes, die beiden Dominikanermönche Jacob Sprenger und Heinrich Institoris, hatten Folter und Tod für die Bezichtigten gefordert.

Als am suntag prechen und graben sy Solsequium, am mentag Lunariam, am eretag [Dienstag] Verbenam, am mittwochen Mercurialem, am pfintztag [Donnerstag] Dachhauswurz Barbam jovis, am freytag Capillos Veneris.

Johannes Hartlieb (um 1400 – 1468), *Das Buch aller verbotenen Künste*

Hexenpflanzen

Teufelsabbiss
Wolfsmilch
Mistel
Fliegenpilz
Schöllkraut
Petersilie
Tollkirsche
Bilsenkraut
Einbeere
Liguster
Rote Zaunrübe
Alraune
Eisenhut
Stechapfel
Seerose
Christrose
Mohn
Bittersüßer Nachtschatten

Etliche bizarrgestaltige oder giftige Gewächse wurden den Hexen zugeordnet, was sich an den Volksnamen vieler Pflanzen oder ihrer Bestandteile ablesen lässt. So nannte man etwa die Sporen des Bärlapps „Hexenmehl“ oder im Kreis wachsende Pilze „Hexenring“. Nachtschattengewächse mit oftmals halluzinogenen Inhaltsstoffen fanden Anwendung in den oben genannten „Hexensalben“, mit deren Hilfe sich die Zauberkundigen angeblich auf „Ausfahrt“ zum Blocksberg oder anderen Hexengipfeln begaben.

Die Fee Morgana, wie würde sie erschrecken,
wenn sie etwa einer deutschen Hexe begegnete,
die nackt, mit Salben beschmiert, und auf einem
Besenstiel, nach dem Brocken reitet.

Heinrich Heine (1797–1856)

Ysop

Hyssopus officinalis

Bienenkraut
Eisewig
Essigkraut
Heiliges Kraut
Hyssop
Ipsenkraut
Isump
Josefkraut
Kirchenseppli
Maßkraut
Weinespe

***Familie:** Lippenblütler Lamiaceae*
***Steht für:** Demut*
***Wichtige Inhaltsstoffe:** Ätherische Öle, Gerb- und Bitterstoffe*
***Vorkommen:** Bauern- und Klostergärten, trockene Böden*
***Heilpflanze:** Zur Verdauungsförderung und Stärkung des Immunsystems, gegen Husten*
***Küche:** Gewürz für Suppen und Salate, essbare Blüten. Macht fette Speisen bekömmlicher.*

Er ist von so großer Kraft, dass sogar der Stein ihm nicht widerstehen kann, der dort wächst, wo der Ysop hingesät wird.

Hildegard von Bingen (1098–1179)

Weil Jesus wusste, dass schon alles vollbracht war, sagte er, damit die Schrift erfüllt wurde: „Ich bin durstig." Es stand dort ein Gefäß mit Essigwasser; sie steckten einen Schwamm, der damit gefüllt war, auf einen Ysopzweig und hielten ihn an seinen Mund. Als Jesus von dem Essigwasser genommen hatte, sprach er: „Es ist vollbracht!" Dann neigte er das Haupt und starb.

Johannesevangelium

Der Name Ysop soll aus dem Arabischen stammen und „heiliges Kraut" bedeuten. Und er gilt als fromme und heilige Pflanze, Sinnbild der christlichen Demut. Vollkommen anspruchslos gedeiht er auf steinigem und kargem Boden. Herrlich dennoch der Honigduft der zarten blauvioletten Blüten, den die Bienen und Hummeln zu schätzen wissen. Mancherorts unter der lapidaren Volksbezeichnung „Kirchenseppli" fanden die langen Stiele mit den Blütenbüscheln als Weihwassersprengel Verwendung.

Hildegard von Bingen empfahl das Kraut gegen Depressionen:
Wenn die Leber infolge der Traurigkeit des Menschen krank ist, soll er, bevor die Krankheit in ihm überhandnimmt, junge Hühner mit Ysop kochen, und er esse oft sowohl den Ysop als auch die jungen Hühner.

Was ist dran?
Mit den Stängeln des Ysops wurden im Juden- und Christentum Opferblut und Weihwasser gesprengt. Wegen seiner antiseptischen Wirkung hat man den Ysop bereits in der Antike zur Körperreinigung genutzt. Seit Karl dem Großen gehörte die Pflanze in jeden Klostergarten. Sie belebt die Abwehrkräfte, wirkt schleimlösend und ist deshalb ein beliebtes Hausmittel gegen Husten. Schon in der berühmten medizinischen Schule von Salerno wurde gelehrt:

Trinkst du
Ysop mit Honig
und Wein,
so macht er
die Lunge ganz frei
dir und rein.
Er lässt den bösesten
Husten vergehn
und macht dir dein
Antlitz jugendlich
und schön.

Zwiebel

Allium cepa

Bolle
Gartenzwiebel
Küchenzwiebel
Zibel
Zipolle
Zippel
Zwaibel
Zwiefel

Familie: ***Lauchgewächse Alliaceae***
Steht für: ***Orakel, Aphrodisiakum***
Wichtige Inhaltsstoffe: ***Ätherisches Öl, Peptide, Sulfide, Flavonoide, Vitamine, Mineralien***
Vorkommen: ***Anbau auf Äckern und in Gärten***
Heilpflanze: ***Zwiebelknolle gegen Arteriosklerose, Grippe und Husten; appetitanregend***
Küche: ***Gemüse und Gewürz***

Denken wir an die Fische, die wir in Ägypten umsonst zu essen bekamen, an die Gurken und Melonen, an den Lauch, an die Zwiebeln und den Knoblauch! Jetzt vertrocknet die Kehle, nichts ist da, immer nur Manna bekommen wir zu sehen.

Viertes Buch Mose

Benedikt macht Zwiebeln dick!
Bauernregel zur Pflanzung am 21. März

Einst griff Dyktis, ein Liebling der Göttin Isis, nach einer Zwiebel, rutschte aus und fiel in den Nil. Der Arme ertrank, und fortan war den Priestern der trauernden „Sonnenmutter“ jeglicher Genuss der Pflanze versagt. Dabei stand die scharfe Knolle bei den alten Ägyptern hoch im Ansehen, sogar manche Beschwörungsformel kam – laut Plinius – nicht ohne die Anrufung der machtvollen Zwiebel aus. Nicht verwunderlich, da sie als wirksames Aphrodisiakum galt, was selbstredend auch als Erklärung für die kulinarische Enthaltsamkeit der Isispriester herhalten könnte. 1600 Talente Silber für Rettich, Zwiebeln und Knoblauch soll die Versorgung der Arbeiter beim Bau der mächtigen Pyramide für den altägyptischen König Cheops gekostet haben. So der griechische Historiker Herodot.

Der Ruf, der Liebeskraft förderlich zu sein, blieb der Zwiebel über die Jahrtausende. So bezeichnete man im 16. Jahrhundert die männlichen Hoden gern als „Zwibolle“. Und noch manch andere positive Wirkung sagte man der würzigen Knolle nach, etwa „dass sie dem Magen überaus guttut; ferner bringt sie schöne Hautfarbe, sofern man sie nur anblickt. Wer jeden Morgen nüchtern Zwiebeln isst, der lernt sein Leben lang den Schmerz nicht kennen. Alle großen Ärzte geben kund, dass die Zwiebel, wenn man sie isst, den Schlummer bringt.“ (Odo von Meung, *Macer floridus,* 11. Jahrhundert)

Extremste Sorgfalt wurde seit mittelalterlicher Überlieferung auf die Pflanzung der Zwiebel verwendet – allerdings beileibe nicht immer in gleicher Methodik. In einigen Gegenden hieß es, man solle sie nur ja nicht im zunehmenden Mond setzen, in anderen war jedoch genau jenes gefordert, sonst würden sie „leicht in den Samen gehen“. Bei Vollmond, bei Neumond, im Zeichen des Steinbocks oder des Schützen, an Benedikt oder am Himmelfahrtstag.

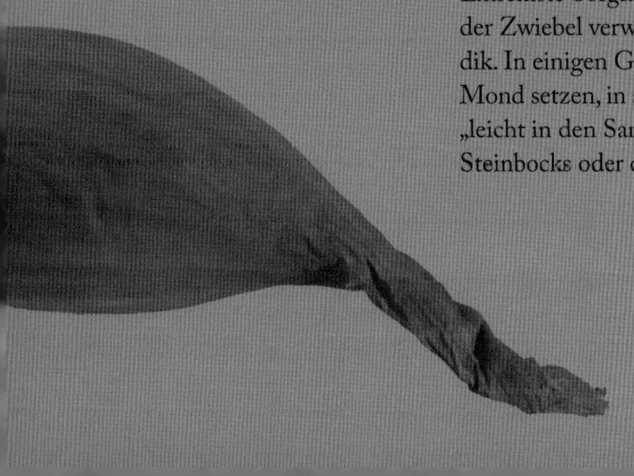

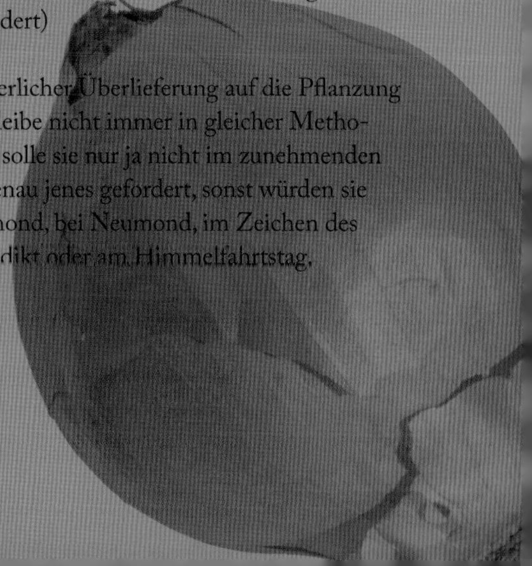

Um den Ertrag zu erhöhen, solle man beim Zwiebelstecken möglichst wütend dreinschauen, dann würden die Zwiebeln stark und scharf, glaubte man in Unterfranken. Oder sich an Johanni im Zwiebelgrün wälzen und darauf herumtreten, damit sie nicht ins Kraut schössen. Begegnete man beim Pflanzen einem bärtigen Mannsbild, so würden es „Männer", also lang wachsende Knollen.

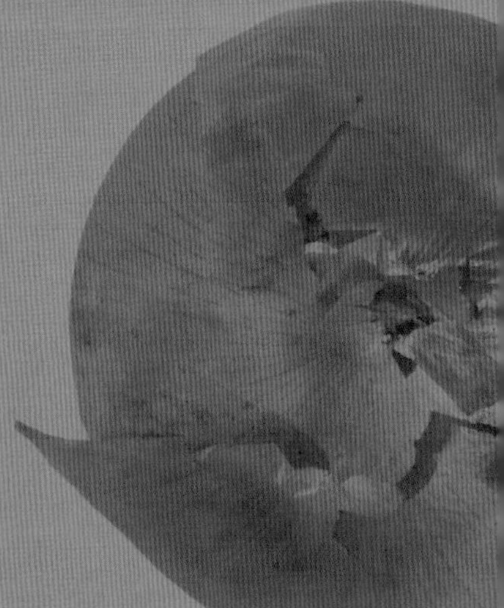

Haut für Haut, Schicht für Schicht entblättert sich die Zwiebel. Geheimnisvoll, denn was mag wohl im Innern stecken? Glück, Leid, Liebe, Reichtum, Tod? Die Zwiebel galt als zuverlässige Orakelpflanze. Am Johannistag zum Beispiel schnitt man vom Kraut zwei Halme in gleicher Länge ab, der eine bedeutete Glück, der andere Unglück. Derjenige, welcher am folgenden Tag höher gewachsen war, bestimmte die Zukunft. Hängte man eine Zwiebelhälfte an die Decke des Krankenzimmers und sie wurde schwarz, hatte die Zwiebel die Krankheit aufgesogen und der Kranke würde genesen. Blieb sie aber weiß, stand der Tod ins Haus. An Weihnachten hieß man junge Mädchen eine geteilte Zwiebel mit Salz bestreuen, damit sich am nächsten Morgen in der Schnittfläche die Züge des Zukünftigen zeigen sollten.

Wetterorakel:
Man gebe zwölf Zwiebelhülsen, jede für einen Monat des Jahres, in der Silvesternacht auf einen Teller, salze sie und stelle sie bis zum nächsten Morgen hinaus aufs Fensterbrett. Nach der Menge der in den Schalen befindlichen Flüssigkeit soll dann die Regenmenge der einzelnen Monate zu sehen sein.

Lotterieorakel:
Zwiebel zur Zeit des Vollmondes erst in Wasser, dann in die Erde legen. Nach neun Tagen herausnehmen und anhand der Verschlingungen der Wurzel die Lotteriezahlen ablesen.

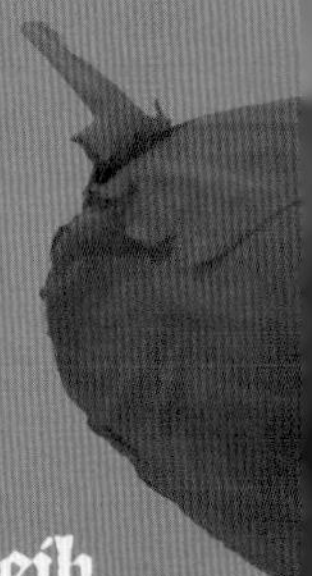

Was ist dran?
Knollengemüse als „Scharfmacher"? Der beißende Saft der Zwiebel mag Rückschlüsse auf ihre erotisierende Anwendbarkeit gefördert haben, die jedoch nicht belegt ist. In einer jahrtausendealten, mit Keilschrift beschriebenen Tafel ist aber bereits zu lesen, dass derjenige, der im Frühherbst Zwiebeln zu sich nähme, vor dem Winter keine Leibschmerzen bekommen werde. Seit jeher war die Zwiebel nicht nur wichtiges Nahrungsmittel, sondern eine gefragte Arzneipflanze. Auch heute noch wird die Knolle in der Erfahrungsheilkunde gegen Husten und Mittelohrentzündungen angewandt. Eine Sage erzählt, dass die griechische Göttin Leto, als sie mit den Zwillingen Apollo und Diana schwanger war, ihre notorische Appetitlosigkeit mit Zwiebeln kurierte. Diese Heilwirkung ist wissenschaftlich anerkannt, denn das schwefelhaltige ätherische Öl wirkt belebend auf den Magen. Und es gibt wohl kaum ein Gemüse, das weltweit in der Küche derart vielfältig verwendet wird.

Es ist das Weib
ein süßes übel,
ein leichtes und
ein schweres Joch.
Es kommt mir vor
wie eine Zwiebel,
man weint dabei
und isst sie doch!

Volksspruch

Rezepte
aus dem Zaubergarten

Beifuß

Fußbad

2 – 3 Handvoll Beifuß in einem Topf zunächst in reichlich kaltem Wasser ansetzen, dann zum Kochen bringen und ein paar Minuten sieden lassen. Der abgekühlte Sud verspricht wunderbare Erholung für strapazierte Füße!

Beifuß

Küchentipp

Die Würze des Krauts entwickelt sich erst durch Hitze, deshalb Beifuß gleich zu Beginn der Garzeit beigeben.

Dost

Frische Tomatensuppe

1 Zwiebel, fein gehackt
1 Knoblauchzehe, fein gehackt
etwas Olivenöl
150 ml Gemüsebrühe oder Weißwein
500 g enthäutete Tomaten
ein paar Zweiglein Thymian
1 TL getrockneter Dost (Oregano)
Salz
Pfeffer
Crème fraîche

Zwiebeln und Knoblauch in Olivenöl anbraten und mit der Brühe oder dem Wein ablöschen. Die Tomaten, die Thymianzweige und den Dost dazugeben und etwa 10 Minuten zugedeckt köcheln lassen. Dann die Suppe leicht pürieren. Mit Salz, Pfeffer und nach Gusto mit Crème fraîche abschmecken.

Gundermann

Gründonnerstagssuppe

2 Zwiebeln, gehackt
2 Knoblauchzehen, gehackt
etwas Butter
etwas Weizenmehl
1 l Gemüsebrühe
je 1 Handvoll Gundermann, Schnittlauch, Brennnessel, Beifuß, Bärlauch, Rauke, Brunnenkresse und Petersilie
125 g Sahne
Salz
Pfeffer
Muskat

Zwiebeln und Knoblauch in Butter anbraten. Sobald die Zwiebeln glasig sind, ein wenig Mehl darüberstreuen und unter Rühren leicht anschwitzen. Mit der Gemüsebrühe aufgießen. Die Kräuter fein hacken und bis auf einen kleinen Rest dazugeben. 20 Minuten bei schwacher Hitze zugedeckt garen lassen. Sahne dazugeben und die Suppe mit Salz, Pfeffer und Muskat abschmecken. Mit den restlichen Kräutern bestreuen und heiß servieren.

Holler

Hollerküchel

200 g Mehl
3 Eier
1 Prise Salz
½ l Dunkelbier
Öl zum Frittieren

Aus den Zutaten einen Pfannkuchenteig rühren. Frittieröl erhitzen. Wenn es heiß ist, Holunderblütendolden in den Teig tauchen und goldgelb ausbacken. Die gebackenen Dolden auf einem Küchenpapier abtropfen lassen und auf einem Teller mit Puderzucker bestreut anrichten.

Holler

Vollbad aus Holunderblüten

Ein Dutzend Holunderdolden mit einem Löffel Honig einen Tag lang in 1 l Vollmilch einlegen. Abseihen und die duftende Milch zum Badewasser geben. Entspannt und wärmt den Körper.

Johanniskraut

Johanniskraut-Tinktur

10 g frische Blüten im Mörser zerstoßen und mit 50 ml 70-prozentigem Alkohol aufgießen.
Gut 10 Tage ziehen lassen, abseihen und in dunkle Flaschen umfüllen.
Einreiben bei Verstauchungen und Prellungen.

Johanniskraut

Johanniskraut-Öl

125 g im Mörser zerstoßene Blüten 6 Wochen in Olivenöl an einen sonnigen Platz stellen und täglich durchschütteln. Sobald sich das Öl rot färbt, abseihen und in dunkle Flaschen umfüllen. Täglich 1 Esslöffel stärkt die Psyche.

Odermennig

Lindernder Aufguss bei gereizter Haut

1 Handvoll Blätter vom Odermennig mit 1 l kochendem Wasser übergießen, 10 Minuten ziehen und dann abkühlen lassen. Sanft auf die betroffenen Stellen auftupfen.

Odermennig

Tee gegen nervösen Magen

1 TL Odermennigkraut mit kochendem Wasser überbrühen, 10 Minuten ziehen lassen. Vor den Mahlzeiten in kleinen Schlucken trinken.

Nessel

Kräutertee für eine schöne Haut

1 TL von einer Teemischung aus Brennnesselblättern, Birkenlaub, Schafgarbe und Zinnkraut mit 1 Tasse kochendem Wasser übergießen, 10 Minuten ziehen lassen und abseihen. Die Mischung enthält viele gesunde Mineralstoffe und wirkt wassertreibend.

Nessel

Küchentipp

Brennnesseln lassen sich genau wie Blattspinat zubereiten. Sehr fein zum Beispiel als Gemüse gedünstet und mit Sahne verfeinert oder mit Knoblauch in Olivenöl gebraten, als Füllung von Teigtaschen oder in Omelette gebacken.

Petersilie

Küchentipp

Das Kraut roh oder nur kurz erhitzt verwenden, sonst gehen Aroma und Vitamine verloren! Auch in den Wurzeln ist viel Vitamin C enthalten, sie schmecken wunderbar als Beilagengemüse und geben in Suppen und Saucen einen feinen Geschmack ab.

Petersilie

Entschlackungstee

1 EL Petersilienblätter und -wurzel mit 1 Tasse kochendem Wasser übergießen, 10 bis 15 Minuten ziehen lassen und abseihen. Bei einer Kur bis zu drei Tassen täglich und jeweils zwei Gläser Wasser nachtrinken.

Während der Schwangerschaft vermeiden!

Petersilie

Mittel zur Mückenabwehr

Presssaft von frischer Petersilie schützt die Haut vor Mückenstichen.

Quendel

Quendel-Dampfbad

2 Handvoll frische Quendelblüten oder -blätter in eine Schüssel geben, mit 1 l kochendem Wasser überbrühen und einige Minuten ziehen lassen.
Den Kopf mit einem Handtuch abgedeckt etwa 10 Minuten über die Schüssel halten, danach das Gesicht mit kaltem Wasser abwaschen und abtrocknen. Hilft gegen Husten und Stirnhöhlenentzündung und wirkt lindernd bei Hautunreinheiten.

Tausendgüldenkraut

Magentee

Der Tee wird als Kaltauszug bereitet. 1 TL Tausendgüldenkraut in 1 Tasse Wasser 6 bis 8 Stunden ziehen lassen. Abseihen und vorsichtig auf Trinktemperatur erhitzen. Vor den Mahlzeiten in kleinen Schlucken einnehmen.

Raute

Römische Rautecreme

2 Knoblauchzehen
frisches Grün von Weinraute, Koriander und Schnittsellerie
250 g Schafskäse
etwas Olivenöl

Knoblauch und Kräuter fein hacken. Den Schafskäse zu einer Creme zerdrücken. Kräuter und Knoblauch sowie das Olivenöl unter den Käse mischen.
Die alten Römer formten die Creme zu kleinen mundgerechten Bällchen, aber ebenso gut schmeckt sie zu frischem Weißbrot.

Wegerich

Heilmittel bei Mückenstichen

Ein leicht zerdrücktes Wegerichblatt auf Mückenstiche legen mildert den Juckreiz.

Wegerich

Wegerichtee

2 TL Spitzwegerichblätter mit einer Tasse kaltem Wasser übergießen. 1 bis 2 Stunden ziehen lassen, abseihen und schließlich leicht erwärmen.

Salbei

Salbeimäuse

1 Ei
125 g Mehl
125 ml Weizenbier
1 EL Öl
Salz
20 – 30 Salbeiblätter mit Stiel
Öl zum Frittieren
Zitronensaft

Das Ei trennen. Aus Mehl, Bier, Eigelb, Öl und einer Prise Salz einen glatten Teig rühren. Das Eiweiß steif schlagen und unter den Bierteig heben.
Die Salbeiblätter am Stielende durch den Bierteig ziehen und im Frittieröl goldgelb backen. Auf Küchenpapier abtropfen lassen und nach Belieben mit Zitrone beträufeln. Passt wunderbar zum Aperitiv oder zu einem Glas Wein!

Ysop

Hustentee

2 TL Ysopkraut mit kochendem Wasser überbrühen.
5 Minuten ziehen lassen und abseihen.

Ysop

Rezept Duft-Potpourri

Duftende Blätter und Blüten lassen sich wunderbar in ein paar Tagen auf einfachen Fliegengittern trocknen. Was der Garten, die Kräutertöpfe oder der Wiesenspaziergang hergeben – zum Ysop passen zum Beispiel Rosenblüten, Minze, Quendel, Dost, Salbei, Rosmarin, Lavendel, Zitronenverbene und viele mehr. Ergänzend Gewürze wie Nelken, Zimt, Koriander, Muskatnuss und -blüte, Piment, Anis, Kardamom, getrocknete Zitronen- oder Orangenscheiben. Damit der Duft ein wenig länger hält, gibt man zu der Mischung ein Fixativ dazu. Veilchenwurzelpulver etwa, das keineswegs aus Veilchen hergestellt wird, sondern aus Schwertlilienwurzeln, aber auch unter dem Namen „Rhizoma iridis" in Apotheken erhältlich ist.

Zwiebel

Sherry-Zwiebeln

500 g Schalotten
3 EL Zucker
200 ml Sherry
100 ml Balsamico-Essig
Petersilie

Die Schalotten schälen. Den Zucker in eine schwere Pfanne geben und vorsichtig erhitzen. Wenn er karamellisiert, mit etwas Sherry ablöschen und die Zwiebeln dazugeben. Wenden, bis sie goldbraune Farbe annehmen. Dann den restlichen Sherry und den Balsamico hinzufügen und die Zwiebeln bei schwacher Hitze 20 Minuten garen, bis sie weich sind. Gehackte Petersilie unterrühren und die Zwiebeln warm oder abgekühlt servieren.

Zwiebel

Hustensirup

3 EL Zucker in 1/8 l Wasser auflösen und aufkochen. Abkühlen lassen und 1 gehackte Zwiebel dazugeben. 3- bis 5-mal täglich 1 bis 2 Teelöffel als reizlinderndes Mittel.

Zwiebel

Gegen Mückenstiche

Zwiebelsaft lindert juckende Mückenstiche.

Dido Nitz, geboren 1970, ist Germanistin und Kunsthistorikerin. Seit ihrem Studium beschäftigt sie sich mit mittelalterlicher Mythologie und volkskundlichen Phänomenen. Büchermachen ist ihr Beruf und ihre Leidenschaft. Die Autorin lebt und arbeitet in ihrer Heimatstadt München.

Romy Pohl, geboren 1980, arbeitete u. a. in London und Kopenhagen als Kommunikationsdesignerin und Fotografin. Als Art Director in München lebt sie die Liebe zur Buchgestaltung. Für das Buch *Kräuterzauber* besuchte sie die Autorin in ihrem Zaubergarten und fing die Details und Geheimnisse der Pflanzen mit ihrer Kamera ein.

Gesamtkonzeption und Text: Dido Nitz
Fotografien und Gestaltung: Romy Pohl
Zeichnungen der Fabelwesen: Johannes R. Potzler
Illustrationsvorlagen der historischen Originalausgaben aus dem Bestand der Staatlichen Bibliothek Regensburg:
Pietro Andrea Mattioli: *Kreutterbuch [Commentarii in sex libros Pedacii Dioscoridis]*,
übers. von Georg Handsch, hrsg. von Joachim Camerarius d.J.; Frankfurt/Main, 1586
Leonhart Fuchs: *De Historia Stirpium*; Basel, 1542
Basilius Besler: *Hortus Eystettensis*; Eichstätt, 1640
Johann Wilhelm Weinmann: *Phytanthoza-Iconographia*; Regensburg, 1737/1745
Herzlichen Dank an die Bibliothek für die freundliche Bereitstellung!

Printed by Tien Wah Press
ISBN 978-3-7607-3678-5

www.arsedition.de